**정지영의 잘만든
김치 & 김치요리**

김치가 좋아

김치가 좋아

1판 1쇄 인쇄_ 2014.11.01
1판 1쇄 발행_ 2014.11.17

지은이_ 정지영
발행인_ 홍성찬

발행처_ 인사이트북스
사진_ 하정윤·하경훈·하도훈
본문 스타일링_ 하정윤
출판신고_ 2009년 6월 5일 제25100-2009-0017호

주소_ 서울특별시 강북구 삼양로169길 34-12(우이동)(142-871)
대표전화_ 070)8112-0846
팩시밀리_ 02)906-9888
이메일_ insightbooks@hanmail.net

ⓒ 정지영 저작권자와 맺은 특약에 따라 검인을 생략합니다.
ISBN 978-89-98432-33-1   13590

이 책은 저작권법에 따라 보호받는 저작물이므로 무단전재와 복제를 금지합니다.
이 책 내용의 전부 또는 일부를 이용하려면 반드시 저작권자와 인사이트북스의 서면동의를 받아야 합니다.

책값은 뒤표지에 있습니다.
잘못된 책은 구매하신 서점에서 바꾸어 드립니다.

정지영의 잘만든 김치 & 김치요리

김치가 좋아

— 정지영

인사이트 북스

프
롤
로
그

　　김치라는 음식이 결코 빠지지 않는 우리나라의 식탁. 어릴 적 친정어머니가 김치 담는 걸 어깨너머로 볼 때마다 왠지 모르게 참 복잡하고 어려워 보였던 기억이 납니다. 갖은 재료와 복잡한 조리 단계, 손질의 어려움 등이 그 이유였겠지요.
　　친정에서 25년 동안 막내로 살다가, 장남과 겁 없이 결혼한 후, 시동생들과 함께 꾸려야 했던 신혼살림이 아련히 떠오릅니다. 한식을 주로 먹는 우리네 식탁을 꾸려야하는데 요리 경험이 별로 없었던 터라 더욱 어려웠던 것 같습니다.
　　최근 음식 블로그를 운영하면서 보니 멸치볶음 만드는 법, 콩나물 맛있게 무치는 법 등 간단한 요리들을 많은 주부들이 검색하는 것을 보고 초보 주부들의 고민이 제 신혼 생활 때의 모습과 비슷하구나 하는 생각이 들었습니다. 바로 이 때문에 김치를 주요 재료로 한 요리책 출판 제안을 겁 없이 받아들였던 것 같습니다.

　　이 책에 우리가 자주 먹는 김치들과 제 노하우가 담긴 김치를 봄, 여름, 가을, 겨울 계절별로 담았습니다. 배추김치, 총각김치, 깍두기는 물론이고, 고들빼기김치, 전복김치, 양파김치 등을 집에 있는 양념만으로도 쉽게 만들 수 있게 설명했습니다. '김치 담그기'하면 어렵다고 느낄 수 있지만 김치 담그는 건 정말 어렵지 않아요. 만약 김치 담그는 게 어려웠다면 이렇게 오랜 시간동안 발전에 발전을 거듭하며 후대에 전해지지 못했을 거예요. 한두 가지 김치를 담글 수 있다면 다른 김치들도 충분히 응용해서 나만의 김치를 만들 수 있습니다. 집집마다 담그는 재료가 조금씩 다르기 때문에 이 책에는 김치의 기본 재료와 담그는 법을 소개했습니다.

이 책에는 김치를 활용한 김치 요리도 정성껏 담았습니다. 어느 집에나 냉장고 가득 여러 가지 김치가 있잖아요. 알고 보면 김치만큼 훌륭한 음식 재료도 없는 듯합니다. 온갖 좋은 재료가 듬뿍 들어가 있기 때문이지요. 하지만 우리는 썰어먹거나 찌개, 볶음으로만 주로 요리하기 때문에 김치의 다양한 맛을 제대로 즐길 기회가 없지 않았을까 생각합니다. 여러 가지 김치로 다양하고 맛있게 만들 수 있는 김치 요리로 밥반찬은 물론 생일 파티, 집들이, 선물용으로 준비해 보세요. 특별한 김치 이야기로 풍성하고 즐거운 자리가 될 거예요.

항상 맏며느리인 저를 예뻐하시며 제가 가끔씩 요리해 드리는 특별식이 맛있다고 격려해 주시던 시어머님. 하늘나라에서 열심히 저희 가족을 응원하고 계시죠? 결혼 초부터 김장철이 되면 저에게 항상 김장하는 곳에는 꼭 네가 있어야 한다고 당부하셨던 어머님. 손이 크셨던 어머님은 좋은 재료와 모든 정성을 김장 김치에 듬뿍 담으셨고, 그 사랑을 친척들과 지인들에게 즐겁게 나누셨습니다. 직원들의 먹을거리를 살뜰하게 챙기시던 어머님의 모습이 지금 저의 롤모델이 된 듯합니다.

항상 곁에서 매니저 역할을 한다며 의기소침해 있는 저를 일깨우고, 제가 차린 밥상이 제일 맛있고, 최고라며 칭찬을 아끼지 않는 남편, 하상용씨! 사랑합니다.
더위에도 땀 뻘뻘 흘리며 엄마와 함께 사진 작업과 음식 작업을 하느라 열심이었던 큰딸 하정윤, 사진 보정하느라 애써 준 둘째 하경훈, 셋째 하도훈! 정말 고맙고 사랑한다. 너희들은 이 엄마 아빠의 보물이란다.
항상 저희 가족을 격려해 주시는 시아버지 하대주 님과 시동생 내외 하상호·박정선씨 그리고 언니 정정희·박성수 내외 및 다른 가족분들, 참으로 고맙습니다.

손재주가 많아 예쁜 도자기를 만드는 취미를 갖고 있어 많은 도움을 준 친구 최은선씨, 천연염색(사) 예담은의 이혜숙 원장님께도 감사의 마음을 전합니다.
《김치가 좋아》를 친한 친구처럼 늘 곁에 두고 참고하며 가족과 함께 맛있고 건강한 밥상 마주하시길 기원합니다.

2014년 11월
정지영 올림

차례

프롤로그 • 4

잘만든 김치
가을, 겨울, 봄, 여름

가을
01 배추김치 • 10
02 총각무김치 • 12
03 총각무 물김치 • 14
04 돌산갓김치 • 16
05 홍갓물김치 • 18
06 홍갓섞박지 • 20
07 파김치 • 22
08 고들빼기김치 • 24
09 배추 백김치 • 26
10 깍두기 • 30
11 곰탕깍두기 • 32
12 전복 김치 • 34

겨울
13 굴김치 • 36
14 굴깍두기 • 38
15 무동치미 • 40

봄
16 배추겉절이 • 42
17 달래오이무침 • 44
18 봄동 겉절이 • 46
19 돌나물 물김치 • 48
20 나박 물김치 • 50
21 부추김치 • 52
22 부추생채 • 54
23 열무김치 • 56
24 열무 물김치 • 58

여름
25 깻잎김치 • 60
26 고구마순 김치 • 62
27 오이소박이 • 64
28 고추소박이 • 66
29 양배추김치 • 68
30 양파김치 • 70

한그릇 뚝딱! 아이들을 위한 김치 요리

31 햄 김치 볶음밥 • 74
32 김치 참치 볶음밥 • 76
33 김치 치즈 볶음밥 • 78
34 김치 두부덮밥 • 80
35 잔멸치 김치말이밥 • 82
36 깍두기볶음밥 • 84
37 백김치 참치샐러드 오이롤밥 • 86
38 연어 백김치 볶음밥 • 88
39 김치 떡만둣국 • 90
40 김치 떡볶이 • 92
41 김치 달걀말이 • 94
42 뚝배기 김치달걀찜 • 96
43 치즈 김치 뢰스티 • 98
44 김치 오코노미야키 • 100
45 김치 스파게티 • 102
46 김치 햄버거 스테이크 • 104
47 김치 감자 고로케 • 106
48 깍두기 피자토스트 • 108
49 양배추 달걀 샐러드 • 110
50 양배추 햄 볶음 • 112

같은 재료 새로운 반찬

51 등갈비 김치찜 • 116
52 돼지갈비 김치찜 • 118
53 돼지고기 김치찌개 • 120
54 베이컨 김치찌개 • 122
55 꽁치 김치찌개 • 124
56 고등어 김치찌개 • 126
57 두부김치 • 128
58 고구마 김치전 • 130
59 도토리묵 김치무침 • 132
60 김치 마파두부 • 134
61 배추나물 • 136
62 무나물 • 138
63 새콤달콤 무생채 • 140
64 부추김치 잡채 • 142
65 열무김치 비빔국수 • 144
66 열무김치 국수·말이 • 146
67 열무김치 연두부 냉채 • 148
68 깻잎김치 쌈밥 • 150
69 파김치 김밥 • 152
70 총각무 된장지짐 • 154
71 갓김치 돼지고기 주물럭 • 156
72 배추 백김치 편육냉채 • 158
73 돼지고기 보쌈과 보쌈채김치 • 160
74 고구마순 볶음 • 162
75 쪽파 김무침 • 164
76 무 간장 장아찌 • 166

김치로 만든 간단 간식

77 베이컨 김치 야채말이 꼬치 • 170
78 김치 떡 잡채 • 172
79 배추김치 고기만두 • 174
80 새우 김치만두 • 176
81 감자 김치전 • 178
82 김치 굴전 • 180
83 김치 해물전 • 182
84 배추전 • 184
85 파김치 감자전 • 186
86 김치 야채 콩나물죽 • 188
87 김치 해물라면 • 190
88 김치 콩나물국 • 192
89 김치 해물 쌀국수 • 194

가을
총각무김치, 총각무 물김치, 돌산갓김치, 홍갓물김치, 홍갓섞박지, 파김치
고들빼기김치, 배추 백김치, 깍두기, 곰탕깍두기, 전복 김치

겨울
굴김치, 굴깍두기, 무동치미

봄
배추겉절이, 달래오이무침, 봄동 겉절이, 돌나물 물김치, 나박 물김치
부추김치, 부추생채, 열무김치, 열무 물김치

여름
깻잎김치, 고구마순 김치, 오이소박이, 고추소박이, 양배추김치, 양파김치

잘만든 김치
가을, 겨울, 봄, 여름

만약에 김치가 없었더라면 무슨 반찬으로 밥을 먹었을까요? 김치로 만들 수 있는 요리는 손으로 꼽을 수 없을 만큼 무궁무진해요. 잘 만든 김치 하나면 반찬 걱정 필요 없을 뿐 아니라 찌개나 볶음, 부침 등에 척척 썰어 넣는 생각만 해도 혀끝이 아릴 정도로 군침이 돌지요. 다양한 김치 종류와 만드는 법을 소개합니다.

배추김치

재료 배추 2포기(4kg), 고춧가루 400g(종이컵 5컵), 마늘 3통(80g), 무 220g(120g+100g), 배(중) $\frac{1}{4}$쪽(150g), 양파(중) $\frac{1}{2}$개, 생강 3톨(30g), 부추 한줌(50g), 쪽파 한줌 반(80g), 찹쌀풀국 2컵, 매실액 $\frac{1}{2}$컵(단맛이 싫은 경우 육수로 대체), 멸치액젓 $\frac{1}{2}$컵, 새우젓 $\frac{3}{4}$컵, 까나리액젓 $\frac{1}{2}$컵(또는 멸치액젓)

육수 물 3컵, 다시마 5×5cm 2장, 건 표고버섯 2개, 멸치 반줌, 건새우 반줌

찹쌀풀국 육수 2컵, 찹쌀가루 4큰술 **절임물** 물 2.5리터, 굵은 소금 3컵 반(2컵+1.5컵)

가을

1. 배추를 절인 후 3번 정도 깨끗이 헹궈 배추의 자른 면이 밑으로 향하도록 엎어 충분히 물기를 빼요.
2. 물 3컵에 손질한 멸치, 다시마, 건 표고버섯, 건새우를 넣어 육수를 내요.
3. ②의 육수 2컵에 찹쌀가루 4큰술을 넣어 찹쌀풀국을 끓인 후 식혀요.
4. 배와 매실액, 새우젓, 멸치액젓, 붉은 고추, 마늘, 생강, 양파, 무 100g을 한꺼번에 갈아 육수와 섞어요.
5. ④에 고춧가루를 넣어 미리 개어 놓아요. 이때, 고춧가루의 양은 기호에 맞게 조절하세요.
6. 무 120g은 채 썰고, 쪽파와 부추는 4cm 정도의 길이로 썰어요.
7. ④ ⑤ ⑥을 고루 섞어 양념을 만들어요.
8. 배추의 뒤쪽부터 배추 사이사이에 버무려 놓은 양념을 넣어요.
9. 양념이 흘러나오지 않도록 큰 잎으로 잘 감싸 통에 담아요. 계절에 따라 실온에 1-2일 정도 두었다가 김치냉장고에서 숙성시켜요.

잘만든 김치 비법

배추 절이기

1. 배추는 겉잎을 떼고 포기의 반만 칼집을 넣어 손으로 쪼개요. 크기에 따라 같은 방법으로 2등분 또는 4등분을 해요.
2. 뿌리 부분을 깨끗이 손질해요. 굵은 소금 2컵을 물 2.5리터에 넣고 녹인 후 손질된 배추를 넣어 10분간 절여요.
3. 절여진 배추를 꺼내 1컵 반 분량의 굵은 소금으로 배추 2-3잎마다 잘 절여지지 않은 두꺼운 부분에 소금을 뿌려요. 중간에 1-2번 배추의 위치를 바꿔 고루 절여지게 합니다. 여름엔 4-6시간, 봄·가을엔 6-7시간, 겨울엔 7-8시간 정도 절여요.

배추의 크기에 따라, 배추 속이 꽉 찬 정도에 따라 절이는 시간이 달라져요. 배추를 잘 절였는지 확인하려면 줄기를 구부려 봐야 해요. 배추의 줄기가 부드럽게 휘어지는 정도가 되면 적당해요. 배추는 반드시 엎어서 물기를 빼 주세요.

김치의 간을 맞추는 방법 _ 절임 상태에 따라 배추의 짠 정도가 달라지므로 양념을 만들 때 예시된 젓갈의 2/3 정도만 먼저 넣어요. 배추 잎을 뜯어 양념을 비벼 간을 본 후 젓갈의 양을 추가하세요. 김치의 농도는 육수 또는 생수로 조절하세요. 배추 속에 넣을 채소는 기호에 따라, 계절에 따라 맞는 재료를 선택해요.

02
총각무김치

재료 총각무 1단, 굵은 소금 1컵, 물 4컵
찹쌀풀국 찹쌀가루 1.5큰술, 멸치다시마 육수 1컵 또는 물 1컵
양념 찹쌀풀국 1컵, 고춧가루 1컵, 간 양파 $\frac{1}{2}$개, 다진 마늘 2큰술, 다진 생강 1작은술,
다진 새우젓 2큰술, 멸치액젓(까나리액젓) 3큰술, 매실청 2큰술

가을

1. 총각무는 무의 뿌리를 잘라 내고 다듬은 뒤, 무청의 지저분한 잎을 잘라 내요. 무와 무청 사이의 흙이 많은 곳은 칼로 다듬고 물에 깨끗이 씻어요. 무가 굵으면 2등분 또는 4등분해요.
2. 물기가 남아 있을 때 굵은 소금을 뿌리고 그릇 가장자리에 물을 4컵을 부어 2시간 정도 절인 후, 30분간 물기를 빼요. 소금을 뿌릴 때 무 부분에 많이 뿌려요. 절이는 도중 2-3번 총각무의 위치를 바꿔 잘 절여지게 해요.
3. 냄비에 육수와 찹쌀가루를 넣고 고루 섞어 중불로 뭉근하게 풀을 쑨 후 완전히 식혀요.
4. 볼에 식힌 찹쌀풀국 1컵을 담고 양파 간 것, 고춧가루, 다진 새우젓과 멸치 액젓, 다진 마늘 매실청, 다진 생강을 넣어 고루 섞어 김치 양념을 만들어요.
5. 총각무에 양념을 넣고 살살 비무려요. 김치통에 무를 엇갈려 담아요. 계절에 따라 실온에서 1-2일 정도 익힌 후 냉장 보관해요.

잘만든 김치 비법
총각무의 무청이 서로 잘 엉키므로 한 끼 분량의 김치를 따리 틀듯이 묶은 후 김칫통에 차곡차곡 딤으면 더욱 편하게 먹을 수 있어요.

총각무 물김치

03

재료 총각무 10줄(1.5kg), 배 1개, 양파 1개, 쪽파 5-6대, 다시마 육수 8컵, 풋고추 10개, 홍고추 3개, 마늘 1통, 생강 2쪽, 멸치액젓 2큰술, 소금 2큰술
소금물 소금 1컵, 물 4컵 **밀가루풀국** 밀가루 5큰술, 물 3컵

1. 총각무는 작고 단단하며 무청이 싱싱하게 달린 연한 것으로 골라 깨끗이 다듬어 먹기 좋게 자른 후 소금물에 2시간 정도 절여요. 절이는 동안 2번 정도 뒤적여 고루 절여요.
2. 쪽파도 총각무 절이는 통에 함께 20분 정도 같이 절여 헹군 후 물기를 빼요.
3. 밀가루와 물을 넣고 밀가루풀죽을 만들어요. 밀가루를 물에 고루 풀어 중간 불에서 나무주걱으로 저으면서 끓인 후 소금 1큰술을 녹여 차갑게 식혀요. 식힌 풀국과 다시마 육수를 고루 섞은 후 멸치액젓과 소금 1큰술로 슴슴하게 간을 해 김칫국물을 만들어요.
4. 배와 양파는 큼직하게 잘라 놓고, 풋고추는 꼭지를 떼어 $\frac{1}{2}$등분해요. 홍고추는 반을 갈라 씨를 빼고 큼직하게 썰어요. 마늘과 생강은 얇게 저며 면 주머니에 싸서 묶어 놓으세요.
5. 용기 맨 아래쪽에 면주머니를 넣고, 총각무와 배, 고추, 쪽파를 한 켜씩 담은 후 ③을 부어요. 무거운 돌이나 접시로 꾹 눌러 준 후 용기 뚜껑을 닫아 실온에 1-2일 정도 둔 후 간을 봐요. 싱거우면 가는 소금 약간으로 추가 간을 하고, 짜면 물을 조금 더 부어 간을 맞춘 후 김치냉장고에서 서서히 익혀요.

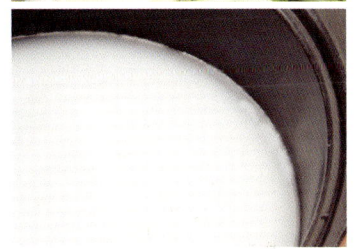

04
돌산갓김치

알싸한 향과 톡! 쏘는 맛이 일품인, 전라도의 대표적 김치입니다.

재료 돌산갓 한 단(2kg), 천일염 2컵, 통깨 약간
양념 멸치액젓 7큰술, 새우젓 2큰술, 고춧가루 2컵, 홍고추 6개(또는 고춧가루 2큰술), 마늘 15쪽, 생강 1톨, 배즙 $\frac{1}{2}$컵, 무 한 토막, 매실액 2큰술, 설탕 1큰술
절임물 천일염 2컵, 물 4컵 **찹쌀풀국** 멸치다시마 육수 2컵, 찹쌀가루 4큰술

1. 돌산갓의 누런 잎은 제거한 후, 깨끗이 다듬어 씻어요.
2. 물에 굵은 소금을 넣어 옅은 소금물을 만든 후 손질된 고들빼기를 넣고 무거운 것으로 눌러 서늘한 곳에서 2-3일(길게는 7일) 정도 삭혀 쓴맛을 우려내요. 쓴맛이 우러난 후 깨끗이 씻고 물기를 빼요.
3. 갓을 한줌 펼쳐 넣고, 그 위에 천일염을 적당량 뿌리고, 다시 갓 올리고, 천일염을 뿌려요. 맨 위에 남은 소금을 모두 뿌린 후, 물을 그 위에 고루 흩뿌려요. 절이는 도중 고루 절여지게 2번 정도 뒤적여요.
4. 돌산갓을 절이는 동안 찹쌀풀국을 만들어요. 냄비에 멸치다시마 육수를 붓고, 찹쌀가루를 넣은 후 거품기로 잘 저어요. 불은 중불로, 넘치지 않도록 고루 저으며 끓여요. 찹쌀풀국이 끓어오르면 불을 약하게 하고, 3-4분 정도 나무 주걱으로 저어 가며 끓인 후 식혀요.
5. 홍고추, 마늘, 생강, 마늘과 무를 작게 썰어 분쇄기에 넣고, 멸치액젓, 새우젓, 배즙도 함께 넣어 곱게 갈아요.
6. 볼에 ④를 따라 붓고, 고춧가루, 찹쌀풀국, 매실액, 설탕을 넣어 미리 양념을 만들어요.
7. 김치 버무릴 그릇에 갓과 준비한 양념을 넣은 후 고루 버무려요. 김치를 통에 담은 후 상온에 취향껏 익혀서 김치냉장고에 넣어요.

잘만든 김치 비법

김치를 버무릴 때 고춧가루와 소금, 설탕의 양은 기호에 맞게 조절하세요.
멸치액젓을 맛있게 만드는 방법 _ 멸치액젓은 같은 양의 물을 넣고 달여 반으로 줄면 체에 걸러 주세요. 체에 받쳐 뼈를 걸러 내면 맑은 젓국이 나오는데, 이 젓국을 배추김치나 깍두기, 갓김치, 부추김치, 파김치, 고들빼기김치 등에 넣으면 맛이 깊은 김치가 됩니다.

05
홍갓물김치

자주빛의 예쁜 국물과 시원한 맛에 반하게 되는 물김치입니다.

재료 홍갓 한 단(500g), 중간 크기 무 1개(800g), 생수 10컵, 청양고추와 홍고추 각각 5개, 양파(중) $\frac{1}{2}$개, 쪽파 10대, 마늘 9쪽, 생강 2톨, 매실청 3큰술, 굵은 소금 2큰술, 새우젓 국물 2큰술
다시마물 물 5컵, 다시마 가로세로5cm 4장 **찹쌀풀국** 물 1컵, 찹쌀가루 1.5큰술, 굵은 소금 1큰술
홍갓 절이기 물 5컵, 천일염 $\frac{1}{2}$컵 **무 절이기** 천일염 1.5큰술

1. 다시마 육수를 만들어요. 냄비에 물과 다시마를 넣어 육수가 끓기 시작하면 다시마를 바로 건져 낸 후 식혀요.
2. 물에 천일염을 녹여요. 깨끗이 손질한 홍갓을 물에 씻어 물기를 잠시 뺀 뒤 절임통에 넣고 미리 만들어 둔 소금물을 붓고 30분간 절여요. 고루 절여질 수 있도록 2번 정도 뒤집어요.
3. 홍갓을 절인 지 25분 후, 쪽파를 넣어 홍갓과 함께 5분 동안 절여요. 절인 홍갓과 쪽파를 찬물에 헹궈 물기를 뺀 후, 적당한 크기로 썰어요.
4. 무는 가로세로 1.5cm, 두께 0.5cm 정도로 썰어 절임 그릇에 넣은 후, 천일염을 넣고 고루 버무려 30분 동안 절여요. 무가 절여지면 체에 밭쳐 물기를 빼요.
5. 찹쌀풀국을 끓여요. 물컵에 찹쌀가루를 넣어 고루 섞은 뒤 나무주걱으로 고루 저어가며 중불에 풀을 끓여요. 굵은 소금을 넣어 고루 저어 식혀요. 믹서기에 물 1컵과 청·홍고추, 양파, 마늘, 생강을 작게 썰어 넣고 곱게 갈아요.
6. 넉넉한 크기의 그릇에 ①의 다시마 육수와 생수 10컵을 넣고 갈아 놓은 ⑤의 양념을 체에 얹어 다시마 육수에 적셔 가며 걸러요. 체에 남은 거친 양념은 버리고 ⑤의 찹쌀풀국을 넣은 후 국물을 고루 섞어 김칫국물을 만들어요. 약간 짜다 싶은 상태라야 나중에 간이 맞아요.
7. 김칫국물에 준비된 무, 홍갓, 쪽파를 넣고 살살 섞어요.
8. 미리 준비해 둔 김치통에 홍갓물김치를 넣고 뚜껑을 덮은 뒤 1-2일 서늘한 곳에 두었다가 김치냉장고에 보관해요.

 **잘만든 김치 비법**
다시마 육수를 만들 때 다시마를 30분 정도 담가 두었다가 육수를 내면 더욱 맛이 좋아요. 다시마를 오래 끓이면 점액질이 빠져 나와 국물도 걸쭉해지고 미끌거리기 때문에 맛도 좋지 않아요. 찹쌀풀국에 소금을 넣으면 풀죽이 굳지 않아 물김치 담기가 훨씬 수월해요. 냉장고에 넣기 전에 국물의 간을 확인해요. 너무 싱겁다 싶으면 소금을 더 넣고, 많이 짜면 물을 넣어 간을 조절하면 돼요.

06

홍갓섞박지

큼지막하게 썰어 놓은 무와 보랏빛이 도는 홍갓이 어우러진 홍갓섞박지.
알맞게 익으면 홍갓 특유의 향이 입맛을 돋워요.

가을

재료 홍갓 한 단(500g), 무 1개(1.5kg)
양념 쪽파 14대, 다진 마늘 1.5큰술, 홍고추 2개, 생강 1톨, 고춧가루 4큰술, 새우젓 2$\frac{1}{3}$큰술,
까나리액젓 또는 멸치액젓 2큰술, 매실액 2큰술(또는 설탕 1큰술)
무절이기 굵은 소금 2큰술 **찹쌀풀국** 물 또는 멸치다시마 육수 $\frac{1}{2}$컵, 찹쌀가루 1큰술

1. 무는 가로세로 5×7cm, 두께 1cm 정도로 큼직하게 썰어 굵은 소금을 뿌려 1시간 정도 절여요. 무가 고루 절여지게 중간에 두 번 정도 위치를 뒤섞어요. 다 절인 후 물에 헹궈 물기를 빼요.

2. 부드러운 홍갓도 무 절이는 통에서 20분만 절여 찬물에 헹궈 물기를 빼요.

3. 무와 홍갓을 절이는 동안 넉넉한 크기의 냄비에 물과 찹쌀가루를 넣어 고루 섞고, 멍울지지 않도록 중간불로 죽을 쒀요. 찹쌀풀국이 끓어오르면 약불로 줄이고 3-4분간 계속 저어가며 뭉근하게 끓인 후 식혀요.

4. 홍고추 2개를 4-5등분하고, 다져 썬 생강과 새우젓을 함께 믹서에 넣고 고루 갈아 볼에 담아요. ③의 찹쌀풀국과 고춧가루, 까나리액젓, 매실액을 넣어 고루 섞어요.

5. ④의 양념에 절인 홍갓과 쪽파를 4cm 길이로 잘라 넣고, 무도 함께 넣어 고루 버무려요. 간을 보아 싱거우면 액젓이나 소금으로 추가 간을 하고, 실온에서 익혔다가 냉장고에 넣어요.

07
파김치

재료 쪽파 1단(500g), 멸치액젓 $\frac{1}{4}$컵
찹쌀풀국 물 $\frac{1}{2}$컵, 찹쌀가루 1큰술
양념 고춧가루 $\frac{1}{2}$컵, 다진 마늘 2큰술, 다진 생강 1작은술, 매실청 2큰술 또는 설탕 1큰술

1. 볼에 깨끗이 손질한 쪽파를 넣고 멸치액젓을 줄기 부분에 집중적으로 뿌린 후 1시간 정도 절였다가 건져요. 중간에 1-2회 정도 쪽파의 위치를 바꿔 간이 고루 배게 해요.
2. 쪽파를 절이는 동안 물에 찹쌀가루를 넣어 고루 저은 후 찹쌀풀국을 을 끓여 식혀요.
3. 쪽파를 절일 때 사용한 멸치액젓을 볼에 따르고, 식힌 찹쌀풀국과 고춧가루, 매실청, 다진 마늘, 다진 생강을 넣어 고루 섞어요. 잠시 고춧가루를 불려요.
4. 볼에 절인 쪽파를 넣고 양념을 넣어 고루 버무려요. 가족 수에 따라 3-4뿌리 또는 5-6뿌리씩 말아 묶어 통에 담아요. 계절에 따라 하루나 이틀 정도 실온에 둔 후, 냉장고에 넣어서 익혀요.

잘 만든 김치 비법
고춧가루를 불리는 이유 _ 고춧가루를 미리 육수나 젓국 등에 불려 사용하면 고춧가루의 색이 살아나 고운 빛깔을 낼 수 있고, 고춧가루도 절약할 수 있어요.

08
고들빼기김치

재료 고들빼기 한 단(1kg), 물 10컵, 쪽파 두 줌(100g), 굵은 소금 $\frac{1}{2}$컵, 멸치액젓 $\frac{1}{2}$컵, 고춧가루 $\frac{3}{4}$컵, 마늘 10알, 생강 1톨, 올리고당(조청) 2큰술, 통깨 2큰술, 가는 소금 1큰술
찹쌀풀국 찬물 1컵, 찹쌀가루 2큰술

가을

1. 뿌리가 굵고 잎이 연한 고들빼기를 골라요. 뿌리와 줄기 사이의 검은 부분을 깨끗이 다듬고 씻은 후 물기를 빼요. 잔뿌리는 자르지 않아도 돼요.
2. 물에 굵은 소금을 넣어 옅은 소금물을 만든 후 고들빼기를 넣고 무거운 걸로 눌러요. 2-3일 정도 삭혀 쓴맛을 우린 다음 깨끗이 씻고 물기를 빼요.
3. 물에 찹쌀가루를 넣고 찹쌀풀국을 쑤고, 식혀요. 마늘과 생강은 곱게 다져요.
4. 멸치액젓 ½컵에 고춧가루를 넣어 불린 후, 다진 마늘, 생강, 설탕, 찹쌀풀국을 넣어 고루 섞어 김치 양념을 만들어요. 설탕 대신 조청이나 물엿을 넣어도 돼요.
5. 고들빼기와 쪽파에 김치 양념과 통깨를 넣어 고루 버무려요.

잘만든 김치 비법

생고들빼기 쓴맛 빼기 _생고들빼기는 쓴맛이 너무 강해 쓴맛을 우려 내지 않고는 김치를 담글 수 없어요. 쓴맛을 우려낼 때 고들빼기의 위치를 몇 번 바꿔 주고, 골고루 소금물에 잘 잠기게 해야 잎이 변질되지 않아요. 고들빼기김치에 멸치액젓 대신 달인 멸치젓국을 넣으면 훨씬 더 깊은 맛이 납니다. 쓴맛이 강한 꼬들빼기의 경우 1-2일 정도 더 우려야 합니다.

09
배추 백김치

재료 배추 1통(3kg), 무채 4컵, 쪽파 12대 **배추 절이기** 절임물 (물 3리터, 천일염 2컵), 사이 간(천일염 1컵)
양념 대추 6개, 홍고추 5개, 다진 새우젓 4큰술, 마늘 12쪽, 생강 2톨, 설탕 1큰술
망에 담는 재료 양파 $\frac{1}{2}$개, 배 $\frac{1}{2}$개, 대파 5뿌리 **육수** 물 7컵, 마른 멸치 20마리, 북어대가리 1개
찹쌀풀국 물 2컵, 찹쌀가루 3큰술, 가는 소금 1큰술
김칫국물 식힌 찹쌀풀국, 육수 5컵, 생수 4컵, 배즙 1컵, 양파 $\frac{1}{2}$개 즙 낸 것, 굵은 소금 2큰술, 설탕 2큰술

1. 배추는 겉잎을 떼고 다듬어 뿌리 쪽에서 $\frac{1}{3}$정도 칼집을 넣은 뒤 손으로 쪼개요. 반으로 나눈 배추를 또 반으로 나눠 4등분해요. 배추의 크기가 작으면 2등분, 배추가 크면 4등분을 합니다.

2. 절임통에 물 3리터와 천일염 2컵을 넣고 소금물을 만들어 배추 속까지 고루 적셔요. 소금물에 20분간 1차 절임을 해요. 1차 절임을 하면 배춧잎을 들춰 2차 절임을 하기 쉬워요.

3. 1차 절임을 한 배추를 꺼내 배춧잎의 희고 두꺼운 줄기 부분에 굵은 소금 1컵을 배추의 2-3잎마다 고루 나눠 뿌려요. 배추 잎마다 간을 한다고 해서 '사이 간'이라고 해요. 얇은 잎 부분은 소금을 뿌리지 않아도 돼요.

4. 소금 뿌린 배추들은 속이 위로 향하게 ②의 절임통에 다시 차곡차곡 포개어 넣고 남은 소금을 위에 뿌려요. ②의 소금물도 절임통 가장자리에 가만히 부어요. 중간에 2-3번 정도 뒤적여 주세요.

5. 물 2컵에 찹쌀가루 3큰술을 넣어 고루 저어요. 불은 중불 이하로 바닥이 눋지 않도록 나무주걱으로 잘 저어가며 찹쌀풀국을 쑵니다. 찹쌀풀국이 끓어오르면 약한 불로 줄이고, 가는 소금 1큰술 넣어 3-4분 정도 더 끓인 후 식혀요. 식힌 찹쌀풀국에 육수 5컵과 생수 4컵을 고루 섞어 찹쌀물을 만들어요. (뒷장 계속)

잘만든 김치 비법
찹쌀풀국을 쑤고 나서 소금을 녹이면 풀이 굳지 않아서 국물 내기가 편해요.

6. 절인 배추를 물에 헹굴 땐 꼭지 부분을 잡고 손가락으로 배추 속을 벌려 지저분한 것을 잘 헹궈요. 절인 배추를 흐르는 물에 서너 번 헹구어 채반에 엎어서 30분 정도 물기를 쏙 빼요. 이때 서로 겹치지 않게, 뿌리 쪽이 위로 가도록 놓아야 물기가 잘 빠져요. 절임 배추를 체에 밭쳐 물기를 뺀 후에 절임 배추의 간을 보세요. 이때 간이 짜면 국물에 소금 간을 덜 하고, 싱거우면 소금 간을 더해서 기호에 맞게 간을 하세요.

7. 홍고추는 씨를 빼고 채 썰어요. 대추는 씨를 발라낸 후 채 썰어요. 쪽파는 4cm 길이로 썰어요. 마늘 12쪽, 생강 2톨은 곱게 채 썰어 놓아요.

8. 김치를 버무릴 그릇에 무채와 배 0.5개를 굵게 채 썰어 넣고, 밤은 속껍질까지 채 썰어요. ⑦의 홍고추, 쪽파, 대추 그리고 채 썬 마늘과 생강, 다진 새우젓, 설탕으로 간을 해 버무려 소를 만들어요.

9. 물기가 빠진 배추의 지저분한 뿌리 부분을 살짝 도려내고, 맨 바깥 쪽잎부터 ⑧의 소를 한 잎씩 적당히 채운 다음 겉잎으로 잘 감싸요.

10. 양파와 배 각 ½개, 그리고 대파 뿌리를 망에 담아 김치통 제일 밑에 넣고, 그 위에 소 넣은 배추를 차곡차곡 담아요.

11. 김칫국물을 만들어요. ⑤의 찹쌀물에 배즙 1컵과 양파즙을 섞고, 소금, 설탕으로 간을 맞춰요. 소금은 집마다 짠 정도가 다르니 간을 보시며 가감하세요.

12. 준비된 김칫국물을 백김치 가장자리에 가만히 붓고, 위에 무거운 접시 등을 올려 김칫국물에 백김치가 잠기게 해 밀봉한 후, 계절에 따라 하루나 이틀 정도 상온에 두세요. 다음날 간을 보고 싱거우면 소금을 더 넣고, 짜면 생수를 더 넣어 간을 맞춰요. 김치냉장고에 넣어 일주일 정도 지나 백김치가 숙성되면, 바닥에 깔아 두었던 망을 제거해 버린 후 드세요.

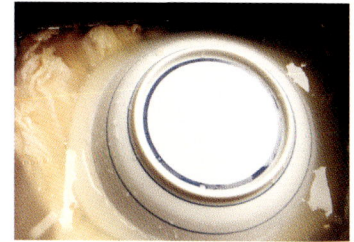

잘 만든 김치 비법
배추 절이는 평균 시간 _여름엔 4–6시간, 봄가을엔 6–7시간, 겨울엔 7–8시간 정도 절여요. 백김치용으로 배추를 절일 땐 일반 배추김치 절일 때보다 덜 절여야 아삭하고 맛이 좋아요.

10
깍두기

재료 무 2개(2kg), 쪽파 10대, 갓 1줌, 필요시 멸치액젓(또는 가는 소금)
절임물 물 1컵, 굵은 소금 $\frac{1}{3}$컵 **찹쌀풀국** 멸치다시마 육수 $\frac{1}{2}$컵, 찹쌀가루 1큰술
양념 고춧가루 $\frac{1}{2}$컵, 멸치액젓 3큰술, 새우젓 3큰술, 배즙 또는 배 주스 $\frac{1}{2}$컵, 다진 마늘 3큰술, 다진 생강 $\frac{1}{2}$큰술

가을

1. 무는 깨끗이 씻어 껍질째 사방 2cm 크기로 썬 후 절임물 재료를 섞어 붓고 고루 섞은 후 2시간 정도 절여요. 무가 고루 절여지도록 1-2번 정도 뒤집어요.
2. 무를 절이는 동안 냄비에 멸치다시마 육수를 붓고 찹쌀가루를 넣어 찹쌀풀국을 쑨 후 식혀요.
3. 김치를 버무릴 그릇에 다진 새우젓과 양념 재료, 식힌 찹쌀풀국을 넣어 고루 섞어요.
4. 절인 무는 찬물에 가볍게 헹군 후 20분 정도 물기를 빼요.
5. 준비한 양념에 4cm 길이로 자른 쪽파와 갓, 물기를 뺀 무를 넣어 고루 버무려요. 부족한 간은 가는 소금이나 멸치액젓을 넣어 맞춰요.

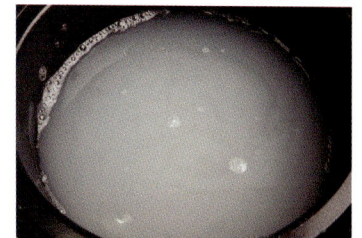

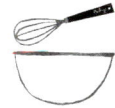 맛있게 잘 익은 깍두기를 밥 한 숟가락에 올려 먹거나 볶음밥을 할 때 넣으면 아삭아삭한 식감이 참 좋아요. 달콤하면서도 아삭한 깍두기는 아이들도 참 좋아하지요.

곰탕깍두기

배추김치는 절이는 시간도 오래 걸리고, 양념도 다양하게 준비해야 되므로
손이 비교적 많이 가는 반찬이에요. 달큰한 무로 만드는 깍두기는 쉽기도 하고, 맛도 좋아요.
뜨끈한 국물이 그리워지는 가을부터 곰탕과 함께 맛있는 깍두기를 즐겨 보세요.

재료 무 1개(1.5kg), 양파 1개, 쪽파 10대, 마늘 10쪽(다진 마늘 3큰술 정도), 요구르트 작은 것 1개, 사이다 6큰술, 고춧가루 6큰술, 다진 새우젓 2큰술, 액젓 2큰술, 가는 소금 1큰술, 생강 1.5톨
절임 소금 2큰술, 설탕 2큰술 **찹쌀풀국** 물 $\frac{2}{3}$컵, 찹쌀가루 1큰술

1. 1cm 정도 두께로 자른 무를 반달 모양으로 다시 한번 썰어요.
2. 소금과 설탕으로 1시간 정도 절인 후 무만 건져 물기를 빼요. 절이는 동안 한두 번 섞어 고루 절여요.
3. 무를 절이는 동안 물에 찹쌀가루를 잘 섞고, 멍울지지 않도록 저어가며 뭉근하게 끓여 식혀요.
4. 양파, 생강, 마늘, 새우젓을 믹서에 곱게 갈아 그릇에 따라 놓고, 고춧가루와 ③의 찹쌀풀국을 넣고 잘 섞어 양념을 만들어요.
5. ④에 4cm 길이로 썬 쪽파와 요구르트, 사이다를 넣고 버무려요.
6. ⑤에 절인 무를 넣고 버무린 후, 통에 담아 실온에 하루 정도 두었다가 김치냉장고 넣어 익혀요.

잘만든 김치 비법
양념간이 좀 간간하다 싶을 때가 적당해요. 나중에 깍두기에서 나오는 물과 어우러져 간이 맞기 때문이에요. 단맛과 짠맛, 매운맛은 정도에 따라 가감하세요.

전복 김치

재료 무 1개(1kg), 작은 전복 10마리, 절인 배추 $\frac{1}{4}$포기, 배 200g, 고춧가루 1컵, 깐 밤 6톨, 생강 2톨, 마늘 9쪽, 양파 $\frac{1}{4}$개, 쪽파 3-4대, 육수용 물 2컵, 천일염 2큰술, 꾸밈용 청·홍고추 각각 1개, 검은 통깨 약간

양념 까나리액젓 3.5큰술, 매실액 8큰술

육수 생수 2컵, 뒤포리 4마리, 건새우 반줌, 마른 표고버섯 작은 것 2개, 다시마 2장

1. 깨끗한 솔이나 칫솔 등을 이용해 전복을 깨끗이 씻어요. 찜기에 물을 넣고 끓이다가 전복을 껍질째 넣어 익힌 후 식혀요.
2. 무를 가로세로 1.5cm, 두께 0.1cm 크기로 썬 후 천일염 1큰술을 넣어 30분 정도 소금 간을 한 후 물로 씻지 말고 살짝 짜요.
3. 준비된 무에 고춧가루를 넣어 고춧물을 들여요.
4. 익힌 전복이 식으면 수저를 이용해 살을 빼요. 냄비에 물과 전복 껍질, 뒤포리, 건새우, 마른 표고버섯, 다시마를 넣은 후 육수를 내요. 우려낸 육수 중 2큰술만 따로 식히고, 나머지 육수는 다른 요리에 사용해요. 전복 껍질은 깨끗이 씻어 물기를 말려요.
5. 분쇄기에 잘게 썬 생강과 마늘, 양파 그리고 ④의 육수 2큰술을 넣어 곱게 간 후, 양념을 만들 그릇에 넣고 매실액, 까나리액젓도 함께 넣어요.
6. 배를 ②의 무와 같은 크기로 썰고, 쪽파도 송송 썰어요. 깐 밤도 가로세로 0.5cm, 두께 0.1cm 크기로 썰어요. ④의 전복을 길게 반으로 자른 후 0.5cm 폭으로 썰고, 전복 내장은 잘게 다져요.
7. 볼에 ⑤와 ⑥의 준비된 재료들을 모두 넣어요. 전복의 깊은 맛은 전복 내장이 좌우해요.
8. 큰 그릇에 미리 준비한 절인 배추의 물기를 빼고 무와 비슷한 크기로 썰어요. ③의 고춧물 들여 놓은 무, 그리고 ⑦의 재료들을 넣어 손끝으로 살살 버무려요.
9. 씻어 놓은 전복 껍질에 버무린 전복 김치를 채워 곱게 접시에 담아요. 검은 통깨 약간과 씨를 뺀 고명용 청·홍고추를 어슷 썰어 장식해요.

잘만든 김치 비법

전복죽을 끓일 때 미리 전복 껍질과 다시마 등을 함께 넣고 육수로 끓이면 맛도, 영양도 훨씬 좋아집니다. 한방에서는 전복 껍질에 눈을 밝히는 효능이 있다 하여 '석결명' 또는 '천리광'이라고 불러요. 전복 껍질은 잘 말린 후 갈아서 한약재로 쓰기도 하고, 가구나 칠기의 장식 등에 유용하게 쓰였다고 해요.

굴김치

13

단맛이 든 가을배추와 무에 싱싱한 굴을 넣어 굴김치를 담가 놓으면 상큼하고 향긋한 그 맛에
반하게 되지요. 굴김치는 굴이 나오는 철에 조금만 담아서 익히지 않고, 신선하게 바로 먹는 김치입니다.

재료 배추 속 작은 것 1개(600g), 무 1/2개(500g), 생굴 200g **절임물** 소금 1/2컵, 물 1컵
양념 쪽파 반줌, 홍고추(마른 고추) 4개, 고춧가루 6큰술, 다진 마늘 3큰술, 다진 생강 2작은술,
매실액 3큰술, 찹쌀풀국 2큰술, 새우젓 1큰술, 멸치액젓 1큰술, 통깨 1큰술 **찹쌀풀국** 물 1/2컵, 찹쌀가루 2/3큰술

1. 무는 가로세로 1.5cm, 두께 0.3cm로 썰고, 배추 속도 무 크기로 나박 나박 썰어요. 소금을 녹인 절임물을 무와 배추에 뿌려 약 30분간 절여요. 중간에 무와 배추의 위치를 바꾸어 골고루 절여지게 하고, 무와 배추가 절여지면 물에 헹궈서 물기를 빼요.

2. 절임하는 동안 쪽파를 3cm 크기로 썰고, 홍고추를 분쇄기에 갈기 좋게 잘라요. 마른 고추일 경우 고추를 물에 씻어 가위로 3-4등분한 뒤 찬물에 불려요.

3. 굴은 옅은 소금물에 잘 씻어 헹군 후 체에 밭쳐 물기를 빼요.

4. 새우젓과 멸치액젓, 통마늘과 홍고추를 넣고, 매실액과 함께 분쇄기에 넣고 곱게 갈아요. 김치를 버무릴 그릇에 모두 따른 후 고춧가루와 찹쌀풀국, 다진 생강을 넣어 고루 섞어요.

5. ④에 쪽파와 통깨를 넣고 물기 빠진 무와 배추, 굴을 넣은 후 손끝의 힘을 빼고 살살 버무려요. 20분쯤 지나면 숨이 죽고 양념이 푹 배어 들어 맛이 참 좋습니다.

잘만든 김치 비법
홍고추가 없을 땐 고춧가루로 대신하여 조절하세요. 고춧가루나 젓갈의 양은 취향껏 조절해요.
'바다의 우유' 굴은 말 그대로 영양 덩어리예요. 굴이 제철일 때, 신선한 굴을 충분히 먹어 주면 강장 작용에도 좋고, 피부 미용과 빈혈 예방, 피로 회복에도 참 좋아요. 아이들의 성장 발육에도 큰 도움이 되므로 다양한 요리법으로 만들어 드세요.

굴깍두기

재료 무 1개(1.2kg), 작은 굴 200g, 쪽파 3-4대, 미나리 3-4줄기
절임물 물 2큰술, 굵은 소금 2큰술 **찹쌀풀국** 물 $\frac{1}{2}$컵, 찹쌀가루 $\frac{2}{3}$큰술
양념 찹쌀풀국 3큰술, 다진 마늘 2큰술, 다진 생강 $\frac{1}{2}$큰술, 멸치액젓 또는 까나리액젓 1큰술, 고춧가루 5큰술

1. 무는 껍질째 문질러 깨끗이 씻은 뒤 사방 2cm 정도의 크기로 깍둑썰기를 해요.
2. 그릇에 무를 넣고 굵은 소금과 물을 넣어 1시간 30분 정도 고루 절여요. 중간에 한두 번 무를 섞어 고루 절여요. 무가 절여지면 소쿠리에 건져 물기를 빼요.
3. 물에 찹쌀가루를 넣어 거품기로 잘 저은 후 바닥에 눌어붙지 않도록 중불로 끓여요. 나무주걱으로 고루 저으면서 찹쌀풀국을 끓인 후 식혀요.
4. 그릇에 양념 재료를 넣고 고루 섞어요.
5. 굴은 옅은 소금물에 씻어 잠시 물기를 빼요.
6. 물기를 뺀 무와 2cm 길이로 썬 쪽파와 미나리, 양념을 적당량 넣어 먼저 버무리고,
7. 굴에도 양념을 넣어 살살 버무리면 상큼하고 시원한 굴깍두기가 완성돼요.

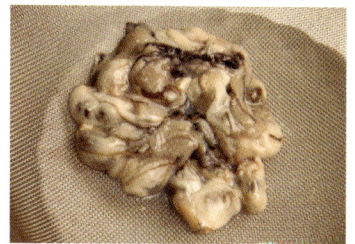

잘만든 김치 비법
싱싱한 바다의 향을 그대로 담은 기을, 겨울철 깍두기, 해산물인 굴을 넣은 깍두기라 금방 시어집니다. 그렇지만, 굴을 좋아하는 분들이라면 익은 굴깍두기의 특별한 맛에 반할 거예요. 자연산 굴이라면 더욱 향긋해요.

무동치미

재료 동치미 무 7개, 배 1개, 굵은 소금 1컵, 청갓 20줄기, 쪽파 20대, 삭힌 고추 12개, 마늘 15쪽, 대추 10알, 생강 4톨
절임물 물 1컵, 소금 $\frac{1}{2}$컵 **동치미 국물** 생수 6리터(종이컵 30컵 정도), 천일염 1컵

1. 동치미 무는 무청을 모두 떼고, 찬물에 깨끗이 씻은 뒤, 물기를 빼지 않고 간이 잘 배도록 굵은 소금에 굴려 10-12시간 정도 절여요.
2. 갓과 쪽파, 무청(부드러운 부분만)은 깨끗이 손질해요. 물과 소금으로 만든 절임물로 30분간 절인 후, 3-4가닥씩 돌돌 말아요. 이때 생수와 천일염으로 동치미 국물을 함께 만들어 두어요. 소금물에 불순물이 뜨면 면보로 한번 걸러요.
3. 배는 껍질째 8등분하여 씨 부분을 도려내요. 마늘과 생강은 편으로 썰어 면포에 담아요.
4. 용기의 바닥에 배와 마늘, 생강을 넣은 면포를 넣고, 그 위에 무를 올려요.
5. 무 위쪽에 갓과 쪽파, 무청을 돌돌 말아둔 ②와 삭힌 고추, 대추 10알을 함께 넣고 동치미 국물을 용기 가장자리에 부어요. 재료들이 위로 떠오르지 않도록 무거운 돌이나 접시 등을 얹고 용기의 뚜껑을 닫아 서늘한 곳에서 서서히 익혀요.

삭힌 고추 만들기   **재료** 고추, 생수, 천일염, 소주 약간
① 삭힌 고추용 고추는 끝물의 단단하고 두꺼운 고추로 골라요. 상처나 구멍이 없는 무르지 않은 고추를 골라 깨끗이 씻은 후, 물기를 제거하고 꼭지를 1-1.5cm 남기고 잘라요. ② 끝이 뾰족한 이쑤시개나 꼬치 등을 이용해서 고추의 아랫부분을 찔러 두세 군데 구멍을 내요. ③ 내열 용기에 고추를 담고, 물과 천일염의 비율을 10:1.2 정도로 해서 팔팔 끓인 소금물을 부어요. ④ 충분히 식으면 약간의 소주를 넣고 고추가 떠오르지 않게 무거운 걸로 잘 눌러 서늘한 곳에 보관해요. 3-4주 정도 삭혀서 고추가 누렇게 되면 백김치, 동치미에 넣거나 양념장에 무쳐서 밑반찬으로 먹어요.

16
배추겉절이

재료 배추속대 1포기(600g), 굵은 소금 3큰술, 쪽파 한줌(50g)
양념 고춧가루 4큰술, 멸치액젓 또는 까나리액젓 2큰술, 다진 새우젓 1큰술,
깨소금 2큰술, 매실액 2큰술(또는 설탕 1큰술), 다진 마늘 1.5큰술, 통깨 약간

1. 배추속대는 먹기 좋게 자르거나 뜯어서 절임통에 넣고, 물 ½컵에 굵은 소금을 녹여 배추속대에 고루 뿌린 후 30분간 절여요. 절이는 중간 한번 뒤집어 주세요.
2. 고춧가루, 매실액, 다진 마늘, 멸치액젓, 새우젓을 한데 섞고 고춧가루가 불도록 잠시 두어요.
3. 절인 배추는 찬물에 한번 헹궈 잠시 물기를 빼요. 쪽파는 3-4cm 길이로 썰어요.
4. 물기 뺀 배추를 버무릴 그릇에 담고 ②의 양념과 ③의 쪽파를 흩뿌려 넣고 손으로 고루 버무려요. 접시에 담고 통깨를 뿌려요.

잘만든 김치 비법
홍고추를 직접 갈아 넣으면 좀 더 맛있는 겉절이가 완성돼요. 고춧가루 반, 홍고추 간 것 반을 넣어 맵기를 조절하면 훨씬 맛이 좋아요.
싱싱한 겉절이를 먹고 싶다면 배추 절이는 시간을 30분 정도로 하고, 좀 더 절인 상태의 겉절이가 좋다면 배추 절이는 시간을 좀 더 늘려 주세요. 단, 절이는 시간이 늘어나면 젓갈의 양을 조금 줄여야 해요. 식성에 따라 먹기 직전에 참기름과 통깨 뿌려요.

17

달래오이무침

재료 오이 1개, 달래 2줌(50g), 굵은 소금 약간
양념 고춧가루 1큰술, 식초 1큰술, 까나리액젓 1큰술, 다진 마늘 $\frac{1}{2}$큰술, 설탕 $\frac{1}{2}$큰술, 통깨 1큰술

1. 오이는 굵은 소금으로 껍질째 살살 문질러 닦은 후 깨끗이 씻어 어슷썰기를 해요.
2. 달래는 뿌리 쪽에 붙은 누르스름한 껍질을 벗기고 깨끗이 씻은 후, 4cm 길이로 썰어요. 달래 뿌리가 너무 굵으면 칼등으로 살짝 두드려 주세요.
3. 볼에 고춧가루, 식초, 까나리액젓, 다진 마늘, 설탕, 통깨를 넣어 양념장을 만들어요.
4. 먹기 직전에 준비한 달래와 오이를 양념장에 넣고 살살 버무려요. 접시에 담고, 통깨를 실짝 뿌려요.

달래는 비타민C와 칼슘이 풍부해서 식욕 부진이나 나른한 봄의 춘곤증에도 효과가 좋아요. 또한 무기질과 비타민이 골고루 들어 있어 빈혈을 없애 주고 간장 작용을 도와주며 동맥경화를 예방해 줍니다. 돼지고기 등 육류 요리와 같이 섭취하면 콜레스테롤 저하 효과를 볼 수 있어 궁합이 잘 맞아요.

18
봄동 겉절이

재료 봄동 2포기(500g), 사과 $\frac{1}{4}$개, 쪽파 5대
양념 고춧가루 5큰술, 까나리 액젓(멸치 액젓) $3\frac{1}{2}$큰술, 다진 마늘 1큰술, 다진 생강 1작은술, 설탕 1큰술, 참기름 $\frac{1}{2}$큰술, 통깨 약간

1. 봄동은 밑동을 자르고 잎을 모두 자른 후 흐르는 물에 여러 번 씻고 물기를 빼요.
2. 봄동을 먹기 좋은 크기로 썰어요. 사과는 길이로 반 가른 후 0.5cm 두께로 어슷 썰고, 쪽파는 4cm 길이로 썰어요.
3. 볼에 양념 재료를 모두 넣고 고루 섞어요. 준비한 봄동, 사과, 쪽파를 볼에 넣고 털듯이 살짝, 고루 버무린 다음, 접시에 담고 통깨를 뿌려 바로 먹어요.

만물이 소생하는 봄! 봄 기운을 듬뿍 받고 자란 봄동으로 샐러드처럼 만든 겉절이입니다. 봄동 겉절이로 잃어버린 입맛을 찾아보세요.

돌나물 물김치

재료 돌나물 2줌(200g), 배 $\frac{1}{8}$개, 사과 $\frac{1}{4}$개, 당근 $\frac{1}{5}$개, 오이 $\frac{1}{5}$개, 쪽파 4대, 청·홍고추 1개씩, 마늘 4쪽, 생강 $\frac{1}{2}$톨
김칫국물 고춧가루 2큰술, 생수 8컵, 매실청 3큰술, 소금 1.5큰술, 액젓 $\frac{1}{2}$큰술
밀가루풀 (물 1컵+밀가루 $\frac{1}{2}$큰술+소금 1큰술)+물 4컵

1. 먼저 밀가루풀을 만들어요. 물에 밀가루를 고루 풀어 중불에 풀을 쑤고 소금을 넣어 녹인 후 식혀요. 풀이 식으면 물 4컵을 넣고 고루 저어요.
2. 돌나물은 깨끗이 씻어 물기를 빼요. 돌나물을 오래 만지면 풋내가 나므로 조심해서 살살 다뤄야 해요.
3. 배의 껍질을 벗겨 잘게 썰어요. 마늘과 생강은 잘게 썰어 믹서에 곱게 갈아요.
4. 생수 8컵을 그릇에 넣고, 고춧가루와 믹서에 간 재료들을 체에 올린 후, 물을 적셔 가며 걸러요. 체에 남은 거친 양념은 버려요.
5. ④에 ①의 밀가루풀을 넣고, 매실청과 소금, 액젓을 넣어 고루 섞은 후 김칫국물의 간을 맞춰요.
6. 사과와 당근을 예쁘게 모양내서 썰고, 오이는 0.3cm 두께로 둥글게 썰어요. 쪽파도 3cm 길이로 잘라요.
7. 김칫국물에 손질한 재료들을 모두 넣고 실온에서 살짝 익힌 후 냉장보관해요.

20
나박 물김치

재료 무 1/3개(300g), 배추속대 4장(120g), 배(50g), 사과(40g), 오이 한 토막(1cm), 당근 한 토막(1cm), 쪽파 2대, 청·홍 고추 1/2개씩, 고춧가루 1.5큰술, 생수 5컵, 배즙 1컵 **절이기** 굵은 소금 1큰술
양념 다진 마늘 1/2큰술, 생강즙 1작은술, 고운 소금 2작은술, 설탕 1/2큰술, 매실액 1큰술, 새우젓 국물 1큰술

1. 무는 가로, 세로 1cm, 두께 0.3 정도의 크기로 썰고, 배추도 무와 같은 크기로 썰어요.
2. 나박 썬 무에 굵은 소금 1/2큰술을 넣고 30분간 절여요. 배추도 굵은 소금 1/2큰술을 넣고 30분간 절여요.
3. 배와 사과를 무와 같은 크기로 썰어요. 오이는 씨를 빼고 돌려 깎기를 한 후 같은 크기로 썰어요. 당근도 같은 크기로 썰어 뜨거운 물에 살짝 데쳐요. 쪽파는 3cm 길이로 썰어요.
4. 절인 배추와 무를 건져 채 썬 파, 다진 마늘, 생강즙, 씨를 빼고 어슷 썬 청·홍고추를 넣고 버무려 나박김치를 담을 통에 담아요.
5. 넉넉한 볼에 무와 배추를 절인 소금물을 붓고 생수와 배즙을 추가로 넣고, 고춧가루를 면포에 싼 후, 입구를 막고 물에 넣고 흔들어 김칫국물이 붉은 빛이 돌도록 물을 들여요.
6. 소금과 설탕, 매실액으로 간을 해 ④에 부어요. 반나절 또는 하루 정도 상온에 두었다가 간을 본 후, 입맛에 맞게 추가 간을 한 후, 냉장 보관해요.

잘 만든 김치 비법
마땅한 국이 없을 때, 물김치가 딱 좋아요. 물김치를 좀 더 오래 두고 먹으려면 과일을 김치 담글 때 넣지 말고, 먹기 직전에 썰어 넣어요.

21
부추김치

재료 부추 1단(600g), 양파 1/2개, 까나리액젓(또는 멸치액젓) 1/2컵
찹쌀풀국 멸치다시마 육수 또는 물 1컵, 찹쌀가루 1큰술
양념 고춧가루 9큰술, 매실청 2큰술 또는 설탕 1큰술, 다진 마늘 1큰술, 다진 생강 1작은술

1. 부추의 누런 잎을 떼고 다듬어요.
2. 부추를 다듬어 물에 씻기 전에 줄기 부분을 느슨하게 끈으로 묶어요. 줄기 부분을 먼저 씻은 후 끈을 빼고 깨끗이 헹구어요.
3. 깨끗이 씻은 부추의 물기를 뺀 후, 길이에 따라 2-3등분해요.
4. 부추에 까나리액젓을 부어요. 중간에 한두 번 부추의 위치를 바꿔 가며 1시간 정도 절여요. 액젓은 부추의 줄기 부분을 중심으로 뿌려요.
5. 냄비에 물이나 멸치다시마 육수를 붓고 찹쌀가루를 넣어 고루 섞은 후 중불에 올리고, 바닥에 눌어붙지 않도록 주걱으로 저어가며 찹쌀풀국을 쑤어 완전히 식혀요.
6. 볼에 부추를 절일 때 사용한 까나리액젓을 따라 내고, ⑤의 식힌 찹쌀풀과 양념 재료를 모두 넣고 고루 섞어 양념장을 만들어요.
7. ⑥에 절인 부추와 썬 양파를 넣고, 풋내 나지 않게 양념을 살살 버무려요.

잘 만든 김치 비법
부추를 씻을 때 줄기를 끈으로 느슨하게 묶은 후 줄기부터 먼저 비벼 씻으면 부추가 엉키지 않고, 씻기도 훨씬 쉬워요.

22
부추생채

재료 부추 1줌, 양파 ½개, 간장 1큰술, 액젓 ½큰술, 고춧가루 ½큰술, 마늘 ½큰술, 참기름 ½큰술, 통깨 약간

1. 그릇에 간장, 액젓, 고춧가루, 마늘, 참기름, 통깨를 넣어 양념장을 만들어요.
2. 깨끗이 씻어 물기를 뺀 부추를 4-5cm 길이로 썰고, 양파도 가늘게 썰어요.
3. 볼에 부추와 양파를 넣고, ①의 양념장을 흩뿌려 손끝으로 살살 버무려요.

잘만든 김치 비법
양파의 아린 맛을 좋아하지 않는다면, 채 썬 양파를 찬물에 담가 아린 맛을 뺀 후 물기를 빼고 사용해요.

열무김치

재료 열무 1단(1.5kg), 양파 1/2개, 고춧가루 2/3컵(홍고추일 경우 90g), 천일염 3/4컵
양념 멸치다시마 육수 1컵, 다진 마늘 3큰술, 다진 생강 2작은술, 다진 새우젓 1큰술, 액젓 2큰술, 매실액 1큰술
찹쌀풀국 물 1컵, 찹쌀가루 1큰술

1. 열무의 뿌리가 굵은 것은 칼로 살살 긁어 껍질을 벗기고, 열무를 깨끗이 다듬어 4-5cm 길이로 잘라요. 열무는 잎이 연해 함부로 다루면 풋내가 나므로 씻을 때나 버무릴 때 살살 다뤄야 해요.
2. 열무를 한 번 씻은 뒤 절임통에 열무와 소금을 켜켜이 넣고 1시간 30분 정도 절여요. 절인 후 깨끗하게 헹군 뒤 물기를 빼요. 열무를 절이는 중간에 열무의 위치를 바꿔 고루 잘 절여야 해요.
3. 열무를 절이는 동안 물에 찹쌀가루를 넣고 고루 섞은 뒤 중불에서 나무주걱으로 잘 저어가며 찹쌀풀국을 끓인 다음 식혀요.
4. 고춧가루에 멸치다시마 육수를 넣어 고루 버무린 후 고춧물을 들여요.
5. 양파는 채 썰고, 쪽파는 4cm 길이로 잘라요.
6. ③의 찹쌀풀국과 ④의 고춧물, 다진 마늘과 다진 생강, 다진 새우젓, 액젓, 매실액과 ⑤의 양파채, 쪽파를 넣어 고루 섞어 열무김치 양념을 만들어요.
7. 절인 열무에 ⑥의 양념을 넣어 손끝으로 살살 버무려요. 고춧가루나 액젓은 취향에 따라 조절해요.

잘만든 김치 비법

열무는 계절에 따라 절이는 시간이 달라요. 봄과 가을철엔 1시간 30분 정도, 수온이 높은 여름에는 1시간 정도 절여요.

고춧가루만 쓰지 않고 홍고추나 건고추를 불려 김치 담글 때 같이 넣으면 칼칼한 맛이 입맛을 돋워요. 홍고추일 경우엔 꼭지를 떼고 반을 갈라 씨를 대충 턴 후 잘게 썰어 믹서나 분마기에 갈아 넣고, 건고추일 경우엔 물에 씻은 후 3-4등분해서 멸치다시마 육수나 김치에 사용할 분량의 물에 담가 불린 후 믹서나 분마기에 갈아 넣으면 됩니다.

24
열무 물김치

재료 열무 1단(1.5kg), 찐 감자 1개, 청양고추 8개, 쪽파 10-12대, 마늘 2통, 생강 2톨, 홍고추 2-3개, 멸치다시마 육수 5컵, 생수 4컵, 매실청 2큰술이나 설탕 1큰술, 가는 소금 $2\frac{1}{2}$큰술
밀가루풀국 물 1컵, 밀가루 1큰술

1. 열무는 다듬어서 풋내가 나지 않도록 살살 씻어 4-5cm 길이로 자른 다음, 굵은 소금물에 절여요. 중간에 열무의 위치를 바꿔 고루 잘 절여야 해요.
2. 절인 열무는 깨끗이 씻어 물기를 빼요.
3. 열무를 절이는 동안, 물에 밀가루를 풀어 넣고 중불에 밀가루풀국을 끓인 후 식혀요.
4. 분쇄기에 껍질을 벗긴 찐 감자와 청양고추, 마늘, 생강을 잘게 썰어 넣고 생수 1컵을 넣어 곱게 갈고 볼에 따라 내요. 여기에 멸치다시마 육수와 물, 밀가루풀국, 매실청, 가는 소금을 넣어 간을 맞춰요.
5. 쪽파는 4cm, 양파는 채 썰고, 홍고추는 어슷 썰어요.
6. 물기를 뺀 열무에 ④, ⑤를 넣고 살살 버무려 간을 맞춰요.

잘만든 김치 비법

열무 다듬기 _ 열무의 뿌리가 굵은 것은 칼로 살살 긁어 껍질을 벗겨요. 열무는 잎이 연해 함부로 다루면 풋내가 나므로 씻을 때나 버무릴 때 살살 다뤄야 해요.

25

깻잎김치

재료 깻잎 6묶음(60장)
양념 다진 당근 1큰술, 다진 양파 1큰술, 다진 쪽파 1큰술, 다진 청·홍 고추 각각 ½큰술(또는 고춧가루 1큰술), 고춧가루 ½큰술, 멸치다시마 육수 3큰술, 멸치액젓 3큰술, 간장 2큰술, 매실액 2큰술, 다진 마늘 ½큰술, 통깨 ½큰술

1. 깻잎의 꼭지는 0.5-1cm 정도만 남기고 자른 후 흐르는 물에 깨끗이 씻어 물기를 빼요. 손에 깻잎을 쥐고 탁 털고 옆으로 세워 두면 물기가 잘 빠져요.
2. 볼에 분량의 양념 재료를 넣고 양념장을 만들어요.
3. 깻잎 낱장 또는 2장을 겹쳐 놓고 숟가락이나 손으로 양념을 올린 뒤 고르게 펴 발라요.

잘만든 김치 비법
양념이 발라진 깻잎은 통에 한 끼 분량씩 지그재그로 담아 둡니다. 양념을 미리 만들어 두었다가 먹을 때마다 끼얹어 먹으면 깻잎의 싱싱한 맛과 향을 즐길 수 있어요. 깻잎의 크기에 따라 양념이 남을 수도, 부족할 수도 있어요. 배추김치를 담글 때 남은 양념이 있다면 간장과 매실액 등을 추가해 깻잎김치를 담가도 맛이 좋아요.

고구마순 김치

재료 고구마순 한 단(700g), 양파 1개, 부추 한줌(50g), 쪽파 4대, 다진 마늘 2큰술, 멸치액젓 3큰술, 고춧가루 3.5큰술, 소금 1큰술, 통깨 약간

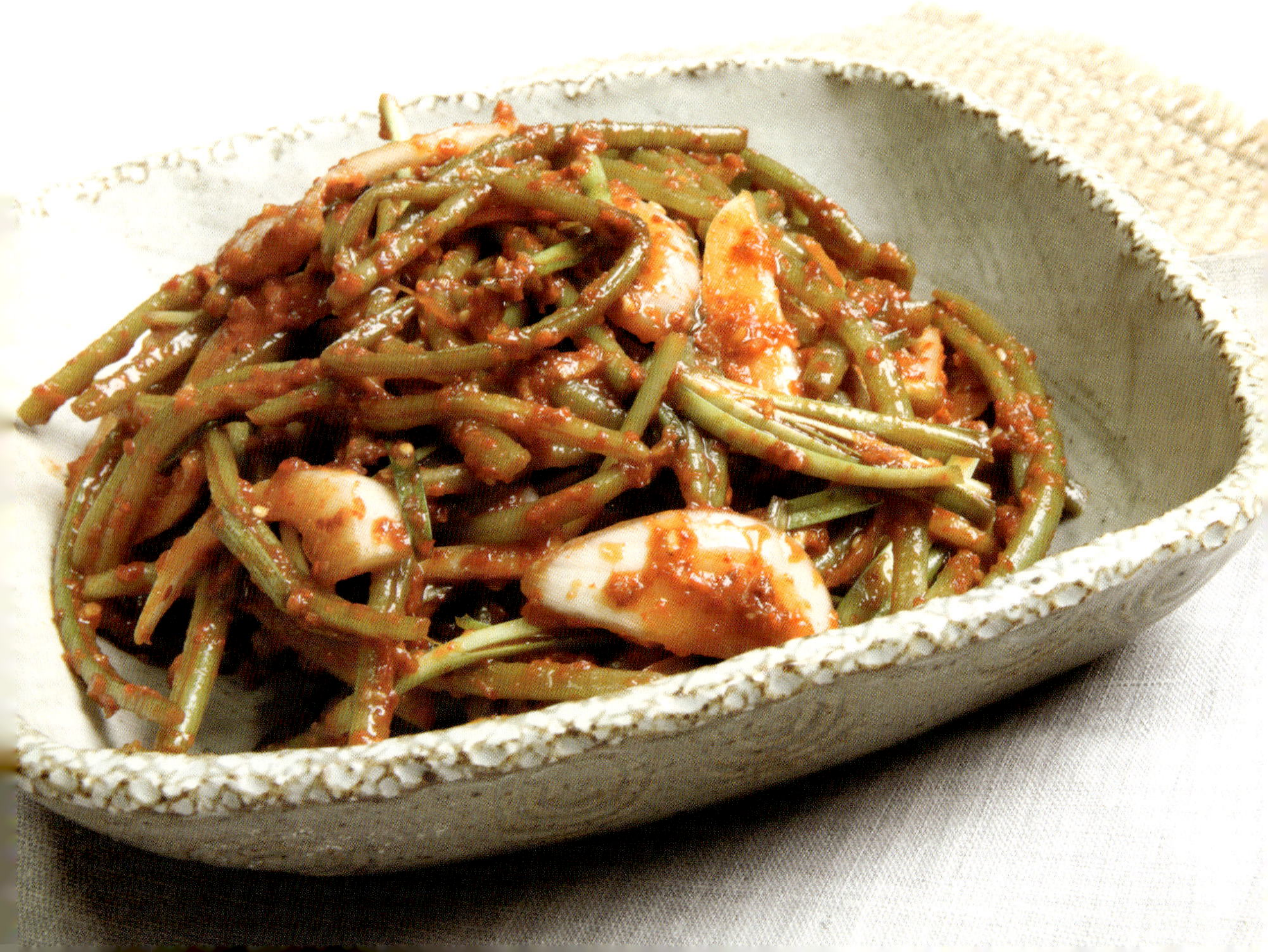

1. 고구마순은 잎을 떼어 내고, 껍질을 벗겨요.
2. 끓는 물에 굵은 소금 1큰술을 넣고 부드럽게 삶아 찬물에 헹군 뒤 물기를 빼요.
3. 고구마순과 부추, 쪽파는 4-5cm 길이로 자르고, 양파는 채 썰어요.
4. 볼에 미리 액젓과 고춧가루, 소금을 넣고 고루 섞어서 양념을 만들어요.
5. 삶아서 알맞은 길이로 자른 고구마순과 양파, 부추, 다진 마늘을 ④에 넣어 고루 버무려요. 필요시 가는 소금이나 액젓으로 추가 간을 해요. 서늘한 곳에 반나절 정도 두었다 냉장고에 넣어요.

고구마는 우리 인간에게 아낌없이 주는 식물이에요. 뿌리는 고구마로, 고구마의 줄기(순)는 반찬 재료로 쓰입니다. 고구마순에는 섬유질이 풍부하게 들어 있을 뿐 아니라 아삭거리는 식감이 있어 맛도 좋으니 식재료로 많이 이용하세요.

오이소박이

재료 오이 6개, 부추 1줌, 당근 1/4개, 다진 쪽파 2큰술, 굵은 소금 3큰술
양념 고춧가루 5큰술, 까나리액젓 4큰술, 다진 새우젓 2큰술, 다진 마늘 2큰술, 다진 생강 1작은술, 매실청 1큰술이나 설탕 1/2큰술, 소금 약간
절임물 물 4컵, 굵은소금 3큰술 **찹쌀풀국** 찹쌀가루 1큰술, 물 2/3컵

1. 오이를 4-5cm 길이로 자른 후, 아래쪽 1cm 정도 남기고 열십(十) 자로 칼집을 내요.
2. 물과 소금을 넣고 팔팔 끓여 절임물을 만들어요. 내열 용기에 오이를 담고 뜨거운 절임물을 부어 1시간 정도 절인 후 차가운 물에 헹궈 물기를 빼요.
3. 오이를 절이는 동안 찹쌀풀국을 만들어요. 물과 찹쌀가루를 풀어 저어가며 중불에 끓여 식혀요.
4. 부추, 당근, 쪽파는 0.5cm 길이로 썰고, 당근은 뜨거운 물에 살짝 데친 후 물기를 빼요.
5. 고춧가루, 까나리액젓, 다진 새우젓, 다진 마늘, 다진 생강, 매실청과 ③의 찹쌀풀국 3큰술을 넣어 양념을 만든 후 간을 맞추고, 다진 채소를 넣어 살살 버무려 놓아요.
6. 물기를 뺀 오이에 손이나 젓가락을 이용하여 속을 채워요.

잘만든 김치 비법

오이를 고르는 요령 _ 오이가 너무 굵거나 익어서 누렇게 된 것은 오이소박이용으로 적당하지 않아요. 오이를 엄지와 검지로 감싸 쥘 정도의 굵기가 소박이용으로 좋아요.

28
고추소박이

재료 풋고추 500g, 물 5컵, 굵은 소금 3큰술, 무 ¼개(300g), 부추 한줌(50g), 쪽파 한줌(50g), 양파 ½개(50g)
양념 고춧가루 5-7큰술, 멸치액젓 2큰술, 매실액 ½큰술, 다진 마늘 2큰술,
다진 생강 2작은술, 가는소금 ½큰술 **찹쌀풀국** 물 ½컵, 찹쌀가루 ⅔큰술

1. 고추는 한쪽 부분에만 길게 칼집을 넣어 반으로 가른 뒤 씨를 털지 않고 그냥 사용해요.
2. 큰 볼에 물과 굵은 소금을 넣고 고루 저어 소금을 녹인 뒤 풋고추를 담가 1시간 정도 절여요. 고추가 고루 절여질 수 있도록 중간 중간 풋고추의 위치를 바꾸어요.
3. 절인 풋고추를 키친타올을 활용하여 물기를 제거해요.
4. 무와 양파는 2cm 길이로 얇게 채 썰고,
5. 부추와 쪽파는 2cm 길이로 썰어요.
6. 볼에 분량의 찹쌀풀국, 고춧가루, 멸치액젓, 매실액, 다진 마늘, 다진 생강, 가는 소금과 ④, ⑤의 손질한 채소를 넣고 고루 섞어요. 양념 소를 풋고추 안에 고루 채워요.

아삭하고 맵지 않은 고추는 아이들이 먹기에도 아주 좋은 채소에요. 소박이의 진정한 맛이 궁금하신 분들께 고추소박이를 추천해요. 비타민C가 풍부하기 때문에 피곤에 지친 분들께도 더없이 좋답니다. 밀폐 용기에 담아 실온에서 반나절 정도 익힌 후 냉장 보관해서 먹으면 돼요.

29

양배추김치

장마가 길어 김칫거리가 적당히 없을 때, 아삭한 양배추를
한 통 사면 여러 가지 반찬과 샐러드를 만들 수 있어요.

재료 양배추 1통(1.8kg), 쪽파 1줌, 중간 크기 양파 1개
절임물 물 2컵, 천일염 $\frac{4}{5}$컵
양념 고춧가루 1컵, 액젓 $\frac{1}{2}$컵, 매실청 2큰술(또는 설탕 1큰술), 다진 마늘 $2\frac{1}{2}$큰술

1. 양배추는 푸른 겉잎 떼어 내고 4등분한 후 깨끗하게 씻어요. 소쿠리에 밭쳐 잠시 물기를 제거한 뒤 먹기 좋은 크기로 썰어요.
2. 절임용 그릇에 준비한 양배추를 넣고 물과 천일염을 넣고 고루 섞은 뒤 2시간 동안 절여요. 중간에 한두 번 뒤적여 줘요.
3. 아삭하게 절여진 양배추를 물에 깨끗이 씻은 후 소쿠리에 밭쳐 물기를 빼요.
4. 양배추의 물기를 빼는 동안 양파는 곱게 채 썰고, 쪽파는 3cm 길이로 썰어요.
5. 고춧가루, 액젓, 매실청, 다진 마늘을 넣어 양념을 만들어요.
6. 그릇에 물기를 뺀 양배추를 넣고, 준비한 양파와 쪽파 넣고 버무려요.

잘만든 김치 비법
버무린 후에 모자라는 간은 소금이나 액젓으로 맞춰요. 단맛을 더 원할 경우 설탕을 좀 더 넣고, 매운맛을 원하면 고춧가루를 더 넣어요. 반나절 숙성시키고 나서 냉장고에 넣어요.

양파김치

여름 양파는 과즙과 당분이 가을 양파보다 더 많이 들어있어 김치를 담그기에 좋아요.
양파가 익으면서 매운맛은 약해지고, 양파 특유의 향과 시원하고 달콤한 맛을 내요.

재료 양파 5개, 부추 한줌(50g), 홍고추 2개, 고춧가루 3큰술, 소금 $\frac{1}{2}$컵,
멸치액젓 $\frac{1}{2}$컵, 매실액 1큰술, 다진 마늘 1큰술, 설탕 $\frac{1}{2}$큰술

1. 양파는 작고 단단한 것으로 준비해 껍질을 벗기고 깨끗이 씻어 4등분한 후 소금을 뿌려 1시간 정도 절여요.
2. 절인 양파는 체에 밭쳐 물기를 빼요.
3. 부추는 2cm 길이로 썰고, 홍고추도 반을 가른 후 씨를 빼고 2cm 길이로 썰어요.
4. 볼에 멸치액젓, 고춧가루, 다진 마늘, 설탕을 넣어 섞은 후 양파를 넣어 버무려요.
5. 부추와 채 썬 홍고추를 넣어 마무리해요.

**양파김치 알고 먹어요** _양파 특유의 매운맛과 자극적인 냄새는 '유화알릴'이라는 성분으로 소화액의 분비를 돕고 신진대사를 도와줘요. 육류와 함께 양파를 섭취하면 영양의 균형을 이루며 양파의 '퀘르세틴'이라는 성분이 항산화 작용을 하여 활성산소를 잡아 준다고 해요. 또한 양파는 열량이 적으며 콜레스테롤 농도 또한 낮춰 준다고 하니 참, 고마운 식품이지요?

햄 김치 볶음밥, 김치 참치 볶음밥, 김치 치즈 볶음밥, 김치 두부덮밥, 잔멸치 김치말이밥
깍두기볶음밥, 백김치 참치샐러드 오이롤밥, 연어 백김치 볶음밥
김치 떡만둣국, 김치 떡볶이, 김치 달걀말이, 뚝배기 김치달걀찜
치즈 김치 뢰스티, 김치 오코노미야키, 김치 스파게티, 김치 햄버거 스테이크
김치 감자 고로케, 깍두기 피자토스트, 양배추 달걀 샐러드, 양배추 햄 볶음

한그릇 뚝딱!
아이들을 위한 김치 요리

어른 반찬보다 아이들 밥반찬이 더 신경 쓰입니다. 단맛에 익숙한 아이들에게 집밥을 만들어 주는 게 쉬운 일은 아니에요. 김치가 익으면 새콤달콤한 맛이 나기 때문에 김치를 활용해서 음식을 만들면 매운맛이나 채소를 싫어하는 아이들도 잘 먹어요. 아이들 밥반찬뿐 아니라 집들이, 생일상에 차려도 좋아요.

김치요리

31

햄 김치 볶음밥

재료 김치 80g($\frac{2}{3}$컵), 저염햄 70g, 밥 한 공기(200g), 달걀 1개, 다진 대파 1큰술, 양파 $\frac{1}{4}$개, 버터 1큰술, 식용유 1큰술, 참기름 약간, 소금 약간, 통깨 약간

1. 저염햄은 가로세로 0.5cm 크기로 깍둑 썰고, 양파도 햄과 같은 크기로 썰어요.
2. 속을 털어 낸 김치는 국물을 짜 내고, 1cm 길이로 송송 썰어요.
3. 달군 팬에 버터를 넣고 다진 양파를 팬에 볶다가 김치를 넣고 달달 볶아요.
4. 김치가 어느 정도 익으면 햄을 넣고 볶다가 식용유를 추가한 후, 데운 밥과 다진 대파를 넣고 고루 섞어 가며 볶아요.
5. 간을 맞춘 후, 참기름과 통깨를 뿌려 마무리하고 달걀프라이를 그릇에 예쁘게 담아요.

잘만든 김치요리 비법
김치와 햄을 넣어 요리를 하는 경우엔 김치의 염분을 고려하여 햄은 저염햄을 선택하면 좋아요.

김치요리

32
김치 참치 볶음밥

재료 김치 80g(2/3컵), 참치 캔 75g(1/2캔), 밥 한 공기(200g) 다진 대파 1큰술, 다진 양파 2큰술, 식용유 2큰술, 참기름 1/2큰술, 소금 약간, 후추 약간

1. 참치 캔을 딴 후 참치를 체에 밭쳐 기름기를 쏙 빼요.
2. 속을 털어낸 김치는 1cm 길이로 송송 썰어 식용유를 넣고 팬에서 볶아요. 김치를 볶을 때 김칫국물을 약간 넣어도 좋아요.
3. 김치가 익으면 기름기를 제거한 참치와 다진 대파, 다진 양파를 넣어 볶다가 데운 밥을 넣어 고루 섞어 가며 볶아요. 간을 맞춘 후, 후추, 참기름과 통깨 넣어 고루 섞고 그릇에 예쁘게 담아요.

잘만든 김치요리 비법
참치를 나중에 넣어야 참치살이 많이 으깨지지 않아요. 찬밥인 경우 밥을 데운 후에 볶아야 잘 섞여요.

김치요리

33
김치 치즈 볶음밥

재료 밥 2공기, 다진 김치 1컵, 저염햄 60g, 피자 치즈 100g, 중간 크기 양파 $\frac{1}{2}$개, 설탕 1작은술, 식용유 적당량

1. 김치와 햄, 양파는 잘게 썰어요.
2. 달궈진 팬에 식용유를 두른 후 먼저 양파를 넣어 볶다가 김치와 설탕을 넣어 달달 볶아요. 설탕은 입맛에 따라 조절해요.
3. 김치가 어느 정도 볶아졌으면 햄을 넣고 볶아요.
4. 밥을 넣고 김치와 골고루 섞어 볶은 후, 전자레인지 사용 가능한 용기에 김치 볶음밥을 담고,
5. 피자 치즈를 올려요.
6. 전자레인지에 3분 정도 돌리면 치즈향이 솔솔 풍기는 김치 치즈 볶음밥 완성.

잘만든 김치요리 비법
찬밥을 따뜻하게 데우면 볶음밥을 할 때, 밥을 고루 섞기가 훨씬 편합니다.

김치 두부덮밥

재료 따뜻한 밥 1/2공기, 참치 75g(1/2캔), 잘게 썬 익은 배추김치 2큰술, 잘게 깍둑썰기한 두부 1/4모, 멸치다시마 육수 1컵, 다진 양파 2큰술, 송송 썬 쪽파 1/2큰술, 송송 썬 팽이버섯 약간, 식용유 1큰술, 다진 마늘 1/2큰술, 맛술 1큰술, 참기름 1/2큰술, 소금·후추 약간씩
멸치다시마 육수 다시 멸치 15마리, 다시마 5×5cm 4장, 물 8컵 **녹말물** 녹말 1큰술, 물 1큰술

김치요리

1. 참치를 체에 밭쳐 기름기를 빼요.
2. 달군 팬에 식용유를 두른 뒤 다진 마늘을 넣어 살짝 볶은 후 배추김치와 설탕을 넣고 함께 볶아요.
3. ②에 육수 1컵을 넣고 끓이다가 양파와 두부를 넣고 끓여요.
4. 바글바글 끓으면 참치와 팽이버섯 넣은 뒤 녹말물을 풀어 넣고 고루 저은 후 맛술과 소금, 후추 약간을 넣어 간을 해요.
5. 마지막에 실파를 넣고 참기름을 넣어요.
6. 넓은 접시에 따뜻한 밥을 올리고, ⑤를 위에 얹어 내요.

잘 만든 김치요리 비법
국물이 자작해야 부드럽게, 술술 넘어가는 김치 두부덮밥이 됩니다.
멸치다시마 육수 _ 다시 멸치는 5~7cm 정도로 모양이 반듯하며 크기가 고른 것이 좋아요. 다시 멸치는 배를 갈라 내장을 발라요. 대가리는 버리지 마세요. 냄비를 불에 올려 달군 후 손질된 다시 멸치와 멸치 대가리를 넣고 노릇하게 구워요. 멸치가 노릇노릇, 바삭해 질 때까지 서너 번 뒤적이며 바짝 구워요. 멸치가 바삭하게 구워졌으면 불을 끄고 물 8컵을 부어요. 그 다음엔 찬물에 대충 씻은 다시마를 함께 넣어 30분 정도 우려요. 30분 후, 약한 불로 서서히 끓여요. 국물이 끓으면 다시마는 바로 건져 버립니다. 멸치는 10분 정도 더 끓인 후 체에 걸러 주면 돼요.

35
잔멸치 김치말이밥

재료 찬밥 2공기, 잔멸치 1컵, 다진 당근 1큰술, 다진 양파 2큰술,
배추김치 잎 주먹밥 갯수 만큼, 붉은 고추 $\frac{1}{2}$개, 청고추 $\frac{1}{2}$개
멸치 양념 간장 2큰술, 참기름 2큰술, 다진 마늘 1작은술, 물엿 1큰술, 통깨 1큰술

1. 김치는 잎 부분을 준비하여 소를 털고, 찬물에 씻은 뒤 물기를 꼭 짜요.
2. 잔멸치를 물에 헹궈 짠기를 뺀 후, 물기를 제거해요.
3. 달군 팬에 멸치 양념을 넣고 잠시 끓이다가 잔멸치와 잘게 다진 당근과 양파를 넣어 볶은 후 밥을 넣고 함께 볶아요.
4. 잠시 식혔다가 통깨를 뿌린 후 고루 섞어요. 밥이 따뜻할 때 한입 크기로 초밥 모양을 만들어요.
5. ①의 김치를 적당한 크기로 썰어 밥을 넣고 돌돌 말고, 붉은 고추와 청고추를 송송 썰어 고명으로 얹어요.

잘만든 김치요리 비법
묵은 김치가 짜다면 찬물에 담가 짜지 않게 해 주세요.

깍두기볶음밥

재료 밥 3/4공기, 양파 1/4개, 익은 깍두기 1.5컵, 식용유 1큰술,
참기름 1/2큰술, 쪽파 2대, 통깨 약간

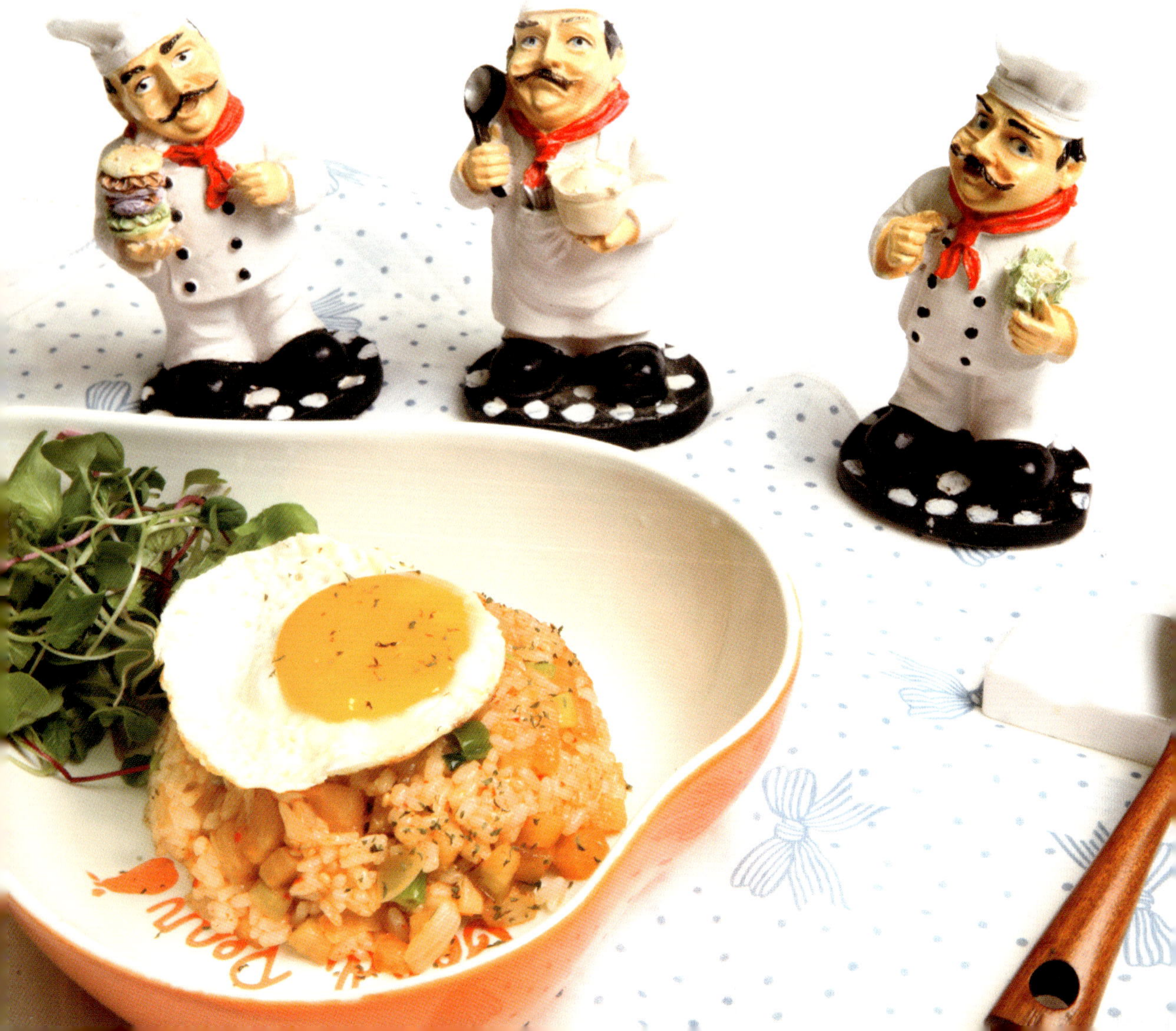

김치 요리

1. 양파와 깍두기는 씹는 감이 있을 정도의 크기로 다지고, 쪽파는 송송 썰어요.
2. 달군 팬에 기름을 두르고 다진 양파를 넣어 양파의 향이 돌면 다진 깍두기와 김칫국물을 조금 넣어 달달 볶아요.
3. ②에 따뜻한 밥을 넣어 볶다가 쪽파를 넣어 조금 더 볶아요. 참기름과 통깨를 뿌려요.

잘만든 김치요리 비법
알맞게 익은 깍두기를 다지듯 썰어 볶음밥을 하면 입 안에서 톡톡 터지는 듯 깨물어지는 깍두기의 식감에 반할 거예요. 구운 고기를 먹은 후 깍두기와 양파를 넣어 볶음밥을 해도 좋고, 일품 요리로 먹을 경우 햄이나 베이컨을 넣어 볶으면 맛이 더 좋아져요.

김치요리

37

백김치 참치샐러드 오이롤밥

재료 밥 2공기, 백김치 4줄기, 오이 1개, 참기름 2작은술, 통깨 약간, 소금 약간
참치 샐러드 참치 1캔(100g), 노랑과 주황 파프리카 각 $\frac{1}{4}$개, 양파 $\frac{1}{4}$개, 무순조금,
마요네즈 1.5큰술, 가는 소금 약간, 후추 약간

1. 백김치는 물기를 꼭 짜고 곱게 다져요. 공기밥에 참기름, 통깨, 소금을 넣고 고루 섞어요.
2. ①의 밥을 동글동글하게 한입 크기로 뭉쳐요.
3. 양파를 잘게 썬 후 찬물에 담가 매운맛을 빼고, 체에 밭쳐 물기를 제거한 후 잘게 다져요.
4. 노랑과 주황 파프리카도 잘게 썰어요.
5. 볼에 준비한 채소와 참치를 모두 담은 후 마요네즈와 소금, 후추를 넣고 고루 버무려요.
6. 오이는 감자 필러를 이용해 생선살 포 뜨듯 얇고 길게 썰고, 가는 소금을 약간 뿌려 잠시 절인 후 키친타월로 물기를 제거해요. 오이의 두께가 얇아야 나중에 잘 풀리지 않아요.
7. 얇게 썬 오이에 주먹밥을 올리고, 돌돌 말아요. 오이 윗부분을 살짝 눌러 공간을 만든 후 준비한 ⑤를 적당히 올리고 마지막으로 새싹채소를 조금 올려요.

연어 백김치 볶음밥

재료 따뜻한 밥 2공기, 다진 백김치 $\frac{2}{3}$컵, 연어살 150g, 양파 $\frac{1}{4}$개, 파슬리가루, 청·홍·노랑파프리카 각 $\frac{1}{4}$개, 올리브유 2작은술, 식용유 적당량, 후추·소금·통깨 약간

김치요리

1. 연어살을 가로세로 1cm 크기로 썰고, 올리브유와 파슬리가루, 소금, 후추 약간 뿌려 밑간을 해요.
2. 양파와 청·홍·노랑 파프리카는 적당한 크기로 썰고, 백김치는 잘게 송송 썰어요.
3. 달군 팬에 식용유를 두르고 송송 썬 백김치를 넣어 볶다가 연어살을 넣어 볶아요.
4. ③에 양파와 파프리카를 넣고 고루 볶아요.
5. 따뜻한 밥을 넣어 고루 섞어요.
6. 소금·후추로 간을 하고, 통깨를 뿌려요.

잘만든 김치요리 비법
연어는 고단백 저칼로리 식품이면서도 건강에 좋은 오메가3와 지방산, 비타민 E가 풍부합니다. 생연어나 훈제 연어가 없다면 연어캔을 이용해도 됩니다.

39
김치 떡만둣국

재료 떡국 300g(3컵), 신김치 200g(약 $\frac{1}{4}$포기), 멸치다시마 육수 5컵(또는 곰탕), 새송이버섯 1개, 물만두 10개, 대파 혹은 쪽파 조금, 계란 1개, 마늘 1큰술, 소금 약간, 참기름 약간, 구운 김

김치요리

1. 떡국떡을 미리 미지근한 물에 불려 주세요.
2. 대파는 어슷 썰고, 새송이버섯은 떡국 크기로 썰어요.
3. 배추김치는 소를 털고 1cm 폭으로 송송 썰어 물에 가볍게 씻어 물기를 살짝 짜요. 달걀은 고루 풀어요.
4. 멸치다시마 육수와 김치를 냄비에 넣고 끓여요.
5. 팔팔 끓으면 불을 줄이고 잠시 더 끓이다가, 국물이 끓어오르면 불린 떡국과 냉동 물만두 넣고 더 끓여요.
6. 끓는 도중에 생기는 거품은 수저로 걷어요.
7. 떡국과 만두가 떠오르면 버섯과 대파 넣어 한소끔 더 끓여요.
8. 소금이나 국간장으로 간을 맞춘 후 풀어 놓은 계란을 넣어 살짝 더 끓여요.

잘만든 김치요리 비법
김치 떡만둣국에는 개운한 멸치다시마 육수도 좋지만, 닭이나 쇠고기를 고아 만든 육수나 곰탕을 넣어도 맛있어요.

김치요리

40

김치 떡볶이

재료(3인분) 떡볶이 떡 4컵(400g), 다진 김치 2컵, 삶은 달걀 2개, 어묵 4장, 대파 $\frac{1}{2}$대, 양파 $\frac{1}{2}$개, 깻잎 8장, 멸치다시마 육수 또는 물 2컵, 식용유 약간, 통깨 약간

양념장 올리고당 5큰술, 매실액 3큰술, 굴소스 2큰술, 고추장 3큰술, 고춧가루 1큰술, 다진 마늘 $\frac{1}{2}$큰술, 참기름 $\frac{1}{2}$큰술

1. 어묵은 먹기 좋은 크기로 자른 후 뜨거운 물에 데쳐 기름기를 뺀 후 체에 밭쳐 물기를 빼요. 대파는 어슷 썰고, 깻잎은 돌돌 말아 적당히 채 썰어요.
2. 김치를 송송 썰어 물기를 살짝 짜요.
3. 삶은 달걀은 껍질을 벗겨 놓고, 떡볶이 떡도 말랑하게 데쳐요.
4. 양념장 재료는 미리 잘 섞어 놓아요. 고추장과 고춧가루는 김치의 매운 정도에 따라 조절해요.
5. 달군 팬에 식용유를 두르고 김치를 넣어 숭불에서 잠시 볶아요.
6. 볶은 김치에 육수를 붓고 떡볶이 떡과 어묵, 삶은 계란과 준비해 놓은 양념장을 모두 넣어 센불에 끓여요.
7. ⑥이 끓어오르면 중간불로 줄여 고루 저어가며 끓여요. 대파를 넣어 잠시 더 끓이다가 불을 끈 후 깻잎과 통깨를 넣고 버무려 마무리해요.

잘만든 김치요리 비법

김치를 넣어 만든 떡볶이이기 때문에 가족의 입맛에 따라 김치의 양을 줄여 넣거나, 양념장의 짠맛을 조절하세요.
어묵은 기름에 튀긴 식재료이기 때문에 끓는 물에 살짝 데쳐 기름기를 제거한 후 요리해야 깔끔한 맛을 즐길 수 있어요. 꽈리고추는 어묵에 부족한 비타민과 식이섬유소를 보충해 줘요. 꽈리고추가 어묵의 향을 다소 눌러 주기 때문에 어묵볶음에 꽈리고추를 넣으면 맛과 향이 좋아요.

김치 달걀말이

재료 달걀 4개, 배추김치 $\frac{2}{3}$컵(130g), 양파 $\frac{1}{2}$개, 깻잎 12장, 슬라이스치즈 1장, 소금과 후추 약간

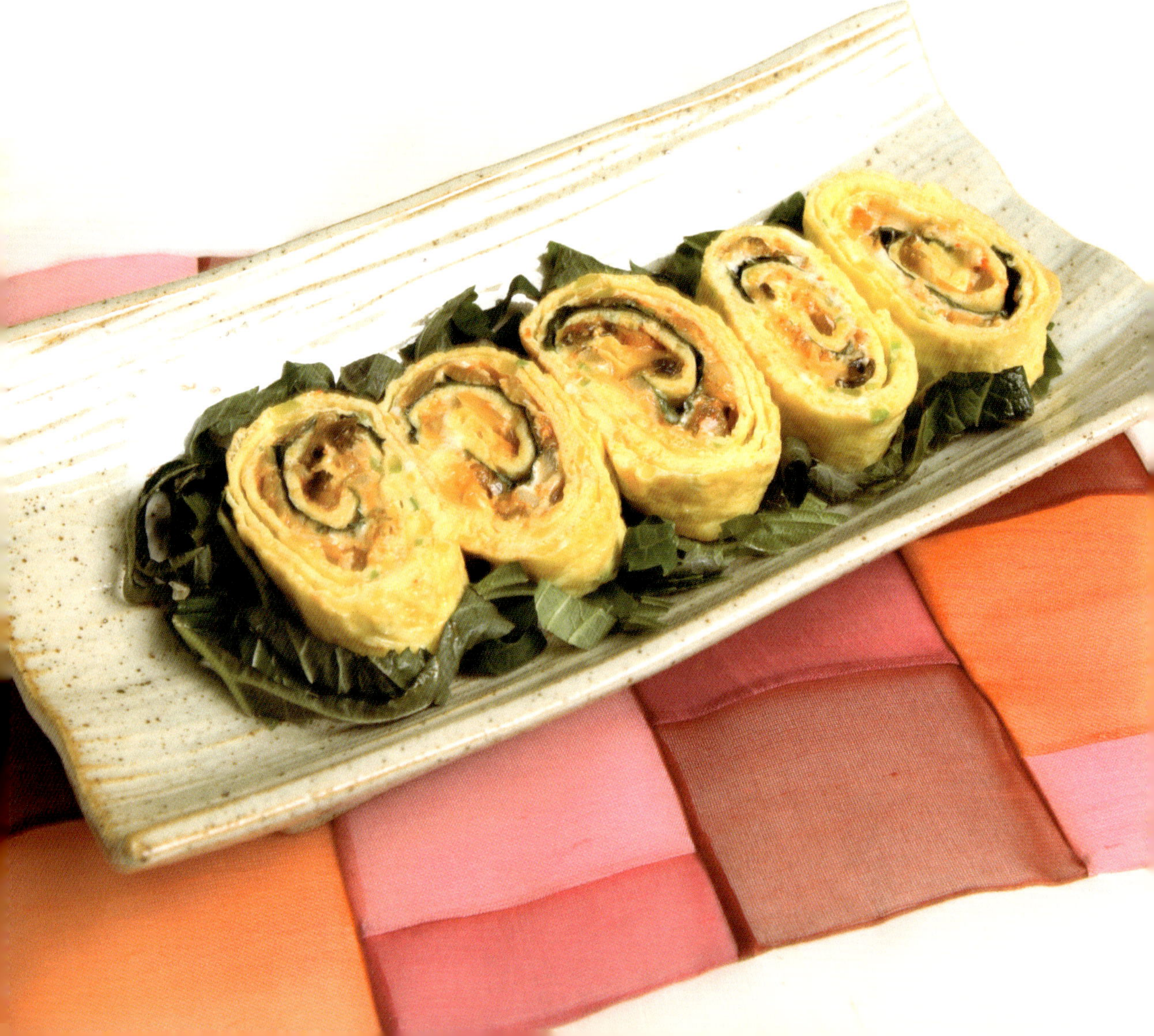

김치요리

1. 깻잎은 돌돌 말아 가늘게 썰어요. 김치와 양파는 다지듯 썬 뒤 달군 팬에 달달 볶아서 준비해 놓아요.
2. 달걀을 곱게 풀어 소금과 후추 약간만 넣어 달궈진 팬에 기름을 두르고, 달걀물의 $\frac{1}{2}$을 부어 익혀 주세요.
3. 달걀이 70% 정도 익었을 때, ①의 볶은 김치와 양파를 올려요.
4. 그 위에 치즈를 반으로 잘라 김밥에 양념을 얹든 길게 올려요. 깻잎도 2장씩 올린 후 돌돌 말아 달걀말이를 만들어요. 돌돌 말린 달걀말이를 프라이팬 한 쪽으로 조심스럽게 당겨 놓은 뒤 다시 나머지 달걀물을 부어요.
5. 달걀이 익기 시작하면 계속 굴려 달걀말이를 만들고 앞뒤로 굴려가며 고루 익혀요.
6. 가늘게 썰어 둔 깻잎을 접시에 놓고 김치 달걀말이를 올려요.

잘만든 김치요리 비법
깻잎의 향이 솔솔. 매콤하고 향긋한 김치 달걀말이 완성! 달달 볶은 김치와 양파를 넣어 매콤하게 만드는 김치 달걀말이. 달걀말이를 만드는 과정에 옆구리가 터지거나 찢어지는 부분이 있으면 약간의 달걀물을 발라 익혀 주세요.

42
뚝배기 김치달걀찜

재료 다진 배추김치 ½컵, 달걀 3개, 다시마 1장(5×5cm), 물 1컵, 맛술 1큰술, 다진 새우젓 ½큰술, 다진 쪽파 2큰술, 다진 홍고추 ½큰술

김치요리

1. 배추김치는 물에 헹궈 양념을 깨끗이 씻은 후 잘게 송송 썰고 물기를 짜요. 쪽파와 홍고추도 송송 썰어요.
2. 달걀을 깨트려 그릇에 담고 잘 풀어요.
3. 풀어 놓은 달걀에 잘게 썬 김치를 넣어 고루 섞어요.
4. 뚝배기에 물 1컵을 넣고 다시마를 넣고 끓이다가, 물이 팔팔 끓으면 다시마를 건져요.
5. ④에 다진 새우젓, 맛술을 넣은 뒤 바로 김치를 섞어 둔 달걀을 넣고, 수저로 재빨리 바닥까지 잘 저어요.
6. 뚝배기의 가장자리가 익기 시작하면 불은 중간불 이하로 줄이고 수저로 고루 휘저어 가며 익혀요. 달걀찜이 어느 정도 익으면 뚜껑을 덮고 바닥이 눋지 않도록 약불로 3-4분간 서서히 익혀요.
7. 송송 썬 쪽파와 홍고추를 얹어 잠시 식혔다가 상에 올려요.

잘만든 김치요리 비법

식탁 위의 단골 메뉴인 달걀찜. 씻은 김치를 잘게 썰어 넣어 담백한 김치달걀찜을 만들었어요. 개운한 맛이 일품이네요. 홍고추 대신 다진 당근을 마무리로 넣어도 좋아요. 김치를 씻어서 요리하면, 매운 김치에 거부감이 있는 어린이들의 입맛도 사로잡을 수 있어요.

43
치즈 김치 뢰스티

스위스를 대표하는 최고의 감자요리, 감자로 만든 팬케이크인데 김치를 넣어 요리해 봤어요.

재료 익은 배추김치 1컵, 감자 1.5개, 달걀 2개, 방울토마토 3-4개, 슬라이스치즈 1장, 마요네즈 $\frac{1}{2}$큰술, 다진 마늘 $\frac{1}{2}$큰술, 소금, 후추, 파슬리가루 약간.

김 치 요 리

1. 감자를 채 썬 후, 물에 살짝 적셔 전자레인지에 3분 정도 돌려 아삭하게 익히거나 물에 익힌 후 물기를 빼요.
2. 방울토마토는 4등분, 슬라이스치즈도 잘게 잘라요. 김치는 물에 깨끗이 씻은 뒤 물기를 빼고 송송 썰어요.
3. 달군 팬에 기름을 두른 후 준비된 감자채와 김치를 넣고, 마요네즈, 다진 마늘, 소금, 후추를 넣어 볶아요. 감자와 김치가 잘 어우러지면 전을 부치듯이 평평하게 한 후, 달걀 한 개를 풀어 넣고 약불에 부쳐요.
4. 준비해 둔 방울토마토와 치즈를 올리고, 그 위에 다시 남은 달걀 한 개를 풀어 올려요. 팬의 뚜껑을 살짝 덮어 달걀은 반숙 상태로, 치즈는 알맞게 녹으면 됩니다.
5. 뢰스티를 접시에 올리고 위에 파슬리가루 약간만 뿌려요.

잘만든 김치 비법

불 조절하기 _ 불의 세기에 대한 명칭은 냄비(팬)의 바닥과 불꽃의 높이에 따라 달라요. 조림, 볶음, 찜, 튀김, 구이 등 조리하는 방법에 따리 불의 세기를 달리 조절해야 합니다. 불의 세기는 크게 센 불(강불), 중간 불(중불), 약한 불(약불)로 나뉘며 쓰임새와 특징이 각각 다릅니다.

- 센 불(강불): 불꽃의 세기가 강렬하여 팬 바닥을 뒤덮을 정도의 상태. 단시간에 재빨리 볶는 볶음 요리나 찜 요리, 대부분의 중국 요리 그리고 물을 팔팔 끓일 때에 적합한 불의 강도입니다.

- 중간 불(중불): 말 그대로 불이 너무 세지도 약하지도 않은 중간 단계의 불의 상태. 즉 보글보글 끓는 정도의 세기랍니다. 일반적으로 센 불에서 한소끔 끓인 뒤 중불에서 맛을 우려냅니다.

- 약한 불(약불): 중간 불보다 불꽃이 약해 오랫동안 보글보글 끓이는 경우로, 밥을 뜸들일 때는 주로 약한 불을 사용하지요. 음식의 국물을 졸이거나 뭉근하게 오래 끓여 맛을 우려낼 때 적합한 불의 세기랍니다.

경우에 따라 약약불, 중약불 등의 단계로 세분화하기도 합니다.

김치 오코노미야키

재료(2장 분량) 김치 ½컵(100g), 양배추 200g, 양파 ½개, 숙주 1줌, 쪽파 3대, 오징어(몸통 부분) 1마리, 냉동 생새우 1컵(60g), 베이컨 6장, 가쓰오부시 1줌, 식용유 적당량, 설탕 1작은술, 소금·후추 약간
양념 돈가스 소스와 마요네즈 적당량
반죽하기 부침가루 200g, 달걀 2개, 다시마 국물 1¼컵, 맛술 1큰술

김치 요리

1. 김치는 소를 대충 턴 뒤 잘게 송송 썰어 짠 후 설탕을 넣고 달군 팬에 볶아요.
2. 양배추와 양파는 얇게 채 썰고, 쪽파 4cm, 베이컨 2cm 폭으로 썰어요.
3. 숙주는 깨끗이 씻어 끓는 물에 살짝 데쳐 물기를 짜낸 후 송송 썰어요. 칵테일새우는 깨끗이 씻어 물기를 뺀 후 소금과 후추를 약간 뿌려 재워요. 오징어는 몸통을 반 가른 뒤 가로세로 1cm 크기로 썰어 살짝 데쳐요.
4. 큰 볼에 부침가루와 달걀, 다시마 국물, 맛술을 넣고 고루 저어 반죽한 뒤 김치, 양배추, 양파, 쪽파를 넣고 잘 섞어요. 달군 팬에 식용유를 넉넉히 두르고 반죽을 도톰하게 올린 뒤 오징어, 새우, 베이컨을 푸짐하게 올리고 익혀요.
5. 밑면이 노릇하게 익으면 뒤집어 불을 줄이고 서서히 익힌 뒤 다시 뒤집어 접시에 담아요. 돈가스 소스와 마요네즈를 뿌린 후 가쓰오부시를 올려요.

잘 만든 김치요리 비법
우리나라 부침개에서 유래되었다는 일본의 대표 요리 오코노미야키. 기호에 맞춰 재료에 김치와 여러 가지의 해물을 넣고 부친 후, 가쓰오부시와 맛있는 소스를 뿌리면 돼요.

김치 스파게티

재료(2인분) 다진 배추김치 1컵(150g), 스파게티 200g, 닭가슴살 1캔, 양파 1/2개, 마늘 3-4쪽, 올리브유 3큰술 이상, 물 2큰술, 설탕 1작은술, 후추 약간, 파르마산 치즈가루 약간, 다진 파슬리 약간

김치요리

1. 배추김치는 속을 털고 물기를 짠 후 잘게 썰어요.
2. 양파는 곱게 다지고, 마늘은 얇게 썰어요.
3. 얇게 썬 마늘을 팬에 올리브유 약간 두르고 노릇노릇 볶아요.
4. 닭가슴살의 물기를 제거한 후 알맞은 크기로 갈라 팬에 오일 두르고 살짝 볶아 놓아요.
5. 팬에 올리브유를 두르고 다진 양파를 넣고 볶다가 김치와 물 2큰술과 설탕을 넣어 볶아요.
6. 끓는 물에 소금과 올리브유 1큰술을 넣고 스파게티를 삶은 후 물기를 빼요.
7. 팬에 올리브유 2큰술을 두르고 스파게티를 볶은 후 후추와 파슬리를 뿌려 고루 섞어요.
8. 볶은 김치와 양파를 접시 아래쪽에 덜어 놓고, 그 위에 알맞은 양의 볶은 스파게티와 닭가슴살 얹어요. 그 위에 파르마산 치즈가루를 뿌리고, 주변에 마늘 칩을 놓아요.

김치 요리

46

김치 햄버거 스테이크

재료 다진 배추김치 1컵, 돼지고기 갈은 것 150g, 쇠고기 갈은 것 150g, 우유 3½큰술, 달걀 1개, 빵가루 1¼컵, 양파 ½개, 샐러드용 채소와 방울토마토, 슬라이스치즈 3-4장, 소금 약간, 후추 약간 **소스** 허니머스터드소스 4큰술, 케첩 4큰술

1. 어린잎 채소를 씻은 후, 찬물에 담가 두었다가 물기를 빼요.
2. 양파와 배추김치를 잘게 다져요.
3. 볼에 다진 배추김치와 돼지고기, 다진 양파, 빵가루, 달걀, 우유, 소금, 후추, 허니머스터드 소스와 케첩을 섞은 소스 1큰술 넣고 치내어 만죽을 해요.
4. 둥글납작하게 4개의 패티를 만들어요.
5. 기름 둘러 달군 팬에 햄버거 패티가 갈색이 나게 앞뒤로 잘 구워요.
6. 슬라이스 치즈를 얹은 후 불을 약하게 하여 살짝 녹여요. 접시에 햄버거 스테이크를 올리고 남은 소스 뿌린 후, 어린잎 채소와 방울토마토로 장식해요.

잘만든 김치요리 비법
패티를 구울 때 처음에는 불을 강하게 하여 고기의 표면이 먼저 익혀야 육즙이 빠져 나오지 않아요. 패티의 표면이 익으면 불을 줄여 고기 속까지 잘 익게 해주세요.

47
김치 감자 고로케

김치요리

재료 배추김치 1장, 감자 3개, 삶은 달걀 1개, 저염햄 100g, 양파 70g,
당근 1/3토막(30g), 우유 1큰술, 식용유, 소금과 후추 약간, 설탕 약간
튀김옷 달걀 1개, 밀가루와 빵가루 적당량

1. 감자를 찐 후 감자가 뜨거울 때 껍질을 벗기고 수저를 이용해 감자를 으깨거나 체에 걸러 으깨요.
2. 양파, 당근, 햄, 삶은 달걀을 다져요.
3. 김치도 물기를 꼭 짠 후 다져요.
4. 달군 팬에 기름을 약간 두른 후 양파를 먼저 볶고 김치와 설탕 약간, 햄을 넣어 고루 볶아요. 키친타월을 깐 접시에 꺼내 기름기와 물기를 제거해요.
5. 볼에 으깬 감자와 볶은 야채, 김치, 달걀 다진 것, 소금과 후추, 우유를 넣어 고로케 반죽을 만들어요.
6. 반죽을 초밥 모양으로 빚어요.
7. 빚은 고로케를 밀가루, 달걀, 빵가루 순으로 묻혀 기름에 노릇노릇하게 튀겨요.
8. 잘 튀겨진 김치 감자 고로케를 꺼내 기름기를 제거해요.

48
깍두기 피자토스트

재료 깍두기 1컵(100g), 햄 100g, 캔 옥수수 3큰술, 양파 $\frac{1}{2}$개, 빨강·초록 파프리카 각 1개, 토마토소스 2큰술, 토스트용 식빵 8장, 피자치즈 100g, 버터 적당량

김치 요리

1. 양파는 다지고, 빨강과 초록 파프리카는 0.3cm 두께로 둥글게 썬 후 씨를 제거해요.
3. 옥수수는 물기를 빼요. 깍두기는 살짝 씻어 물기를 없애고 잘게 다져요. 햄은 0.5cm 크기로 네모지고 얇게 썰어요.
4. 식빵의 한 면에 버터를 바르고 살짝 구워 수분을 없애요. 피자 치즈는 얇고 납작하게 썰어요.
5. 팬에 버터를 두르고 양파를 볶다가 깍두기와 햄을 넣고 고루 볶아요. 적당히 볶은 후 토마토소스와 옥수수를 넣고 고루 섞어 잠시 끓여요.
6. 구운 식빵에 ⑤의 소스를 바르고 그 위에 파프리카와 치즈를 얹어요.
7. 오븐에 넣어 치즈가 녹을 정도로만 구운 뒤 반으로 자르거나 통째로 그릇에 담아요.

양배추 달걀 샐러드

재료 양배추 1/5통(200g), 사과 반개(150g), 삶은 달걀 2개, 마요네즈 3큰술, 허니 머스터드소스 1큰술, 가는 소금 1/3큰술

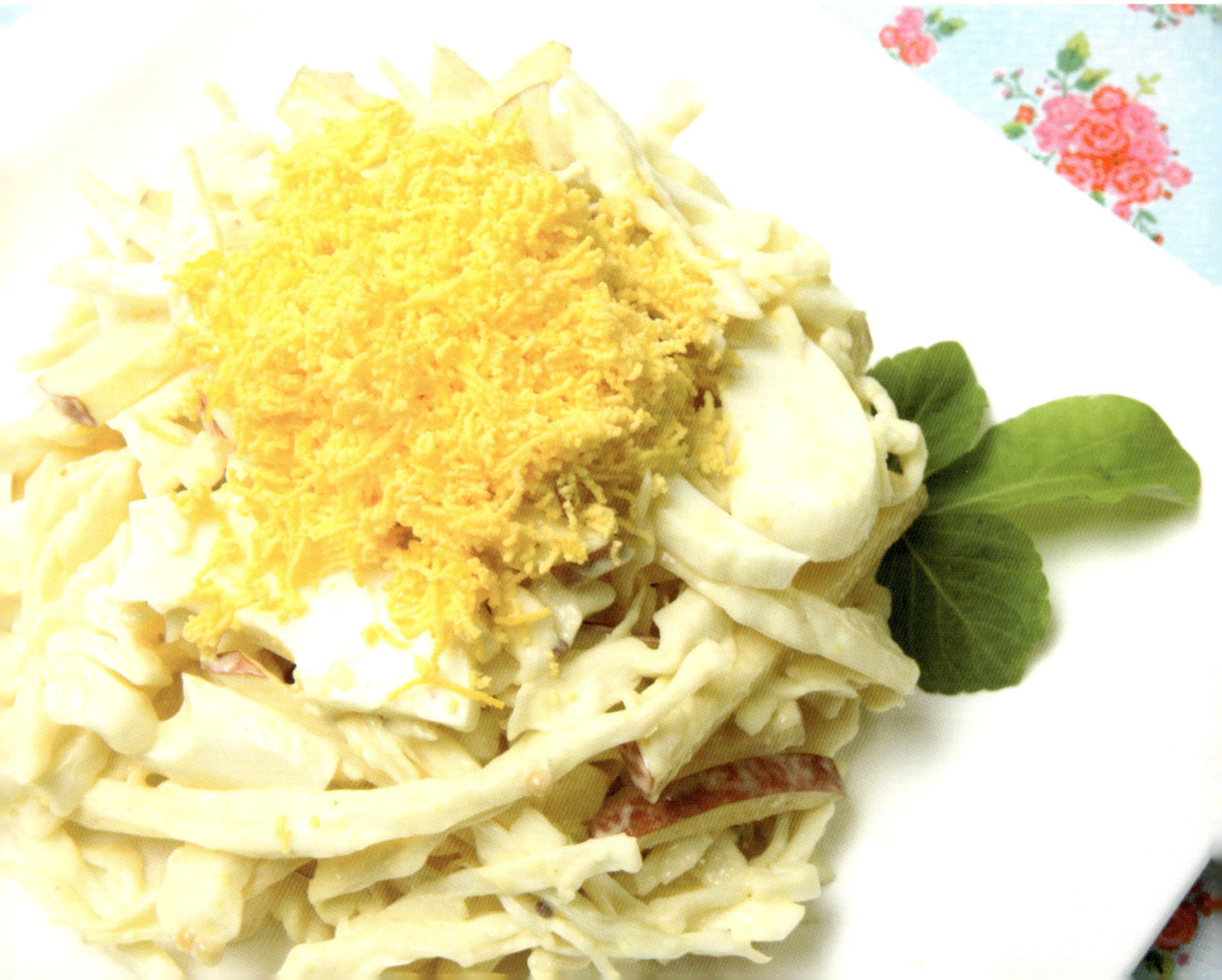

김치요리

1. 양배추는 씻은 후 물기를 뺀 후 가늘게 채 썰어요. 채 썬 양배추를 가는 소금으로 잠시 재워요.
2. 사과는 껍질을 벗기거나, 껍질째 4등분하여 씨 부분을 도려내고 얇게 채를 썰어요.
3. 삶은 달걀의 흰자는 두껍게 채 썰고,
4. 노른자는 체에 밭쳐 곱게 가루를 내요.
5. 큰 그릇에 채 썬 양배추와 사과, 달걀흰자를 넣고 마요네즈와 허니 머스터드소스를 넣어 고루 버무려요.
6. 접시에 담은 뒤 으깬 노른자를 고명으로 얹어요.

마트에서 커다란 양배추를 세일한다고 해서 사 오면 종종 후회하는 경우가 많지요. 그럴 땐 샐러드도 해 먹고, 김치도 담가 먹고, 양배추를 찜통에 살짝 쪄서 양배추 쌈을 해 보세요. 달큰한 양배추가 포만감도 느끼게 해 줘 다이어트에도 아주 좋답니다. 양배추에는 위장 보호에 탁월한 영양소 비타민U와 출혈을 막아 주는 비타민K가 풍부하게 함유되어 있습니다. 위장 장애가 있는 분께 아주 좋은 식품이지요. 단, 신선하게 날것으로 먹어야 합니다.

양배추 햄 볶음

달콤한 양배추와 햄이 들어 있어 아이들이 좋아하는 반찬이에요.

재료 양배추 큰 잎 2장(150g), 캔햄 50g, 양파 $\frac{1}{4}$개, 쪽파 3대, 식용유 2큰술, 물 1큰술
양념 다진 마늘 1큰술, 굴소스 1큰술, 참기름 $\frac{1}{2}$큰술, 통깨 $\frac{1}{2}$큰술

김치요리

1. 양배추, 양파, 햄은 굵직하게 채 썰어요. 쪽파는 4cm 길이로 썰어요.
2. 팬에 식용유 ½큰술을 두른 후 햄을 넣고 부서지지 않게 중불에 고루 볶은 후 접시에 꺼내요.
3. 팬에 식용유 1.5큰술을 두르고 다진 마늘을 넣어 재빨리 볶아 마늘향을 낸 후, 양배추와 양파, 물을 넣고 센 불에서 볶아요.
4. 양배추의 숨이 살짝 죽으면 미리 볶아 둔 햄과 굴소스, 쪽파를 넣고 잠시 더 볶아요. 통깨, 참기름으로 마무리해요.

등갈비 김치찜, 돼지갈비 김치찜, 돼지고기 김치찌개, 베이컨 김치찌개, 꽁치 김치찌개
고등어 김치찌개, 두부김치, 고구마 김치전, 도토리묵 김치무침, 김치 마파두부
배추나물, 무나물, 새콤달콤 무생채, 부추김치 잡채, 열무김치 비빔국수, 열무김치 국수말이
열무김치 연두부 냉채, 깻잎김치 쌈밥, 파김치 김밥, 총각무 된장지짐
갓김치 돼지고기 주물럭, 배추 백김치 편육냉채, 돼지고기 보쌈과 보쌈채김치
고구마순 볶음, 쪽파 김무침, 무 간장 장아찌

같은 재료
새로운 반찬

밥상을 풍성하게 차려도 밥을 먹고 나서 보면 가족들이 잘 먹는 반찬은 한두 가지 정도예요.
메인 반찬 하나만 잘 만들어도 한 끼 식사는 충분하다는 얘기겠죠. 김치냉장고 가득 있는 김치이지만
요리법과 모양새를 조금씩 달리하면 새로워 보여요.

등갈비 김치찜

재료 등갈비 600g, 익은 김치 ½포기, 멸치다시마 육수 4컵, 대파 10cm, 청·홍고추 각 1개, 양파 1개
등갈비 잡내 제거하기 대파 ½대, 월계수 잎 4-5장, 청주 2큰술, 마늘 5쪽, 생강 1톨, 통후추 1작은술
고기 밑간하기 고춧가루 1-2큰술, 멸치다시마 육수 ½컵, 설탕 1큰술, 매실액 1큰술, 다진 마늘 1큰술, 참기름 1큰술, 후추 1작은술

새로운 반찬

1. 등갈비는 1시간 정도 찬물에 담가 핏물을 뺀 후 물에 깨끗이 헹궈 놓아요. 핏물을 뺄 때 2-3회 정도 물을 갈아요.
2. 냄비에 물을 넉넉히 붓고 월계수 잎, 마늘, 생강, 통후추, 대파를 넣고 팔팔 끓이다가 등갈비를 넣어요. 등갈비를 잠기게 한 후, 3-4분 정도 끓여 잡냄새를 제거한 후 등갈비를 건져요.
3. 등갈비에 밑간 재료를 넣고 고루 섞은 뒤 20-30분간 재워요.
4. 적당한 크기의 냄비에 익은 김치를 바닥에 깔고, 그 위에 재운 등갈비를 넣고 멸치다시마 육수를 부어 끓여요. 팔팔 끓으면 중불 이하로 줄이고 국물을 끼얹어 가며 30분 정도 더 끓여요.
5. 등갈비와 김치가 푹 무르면 청·홍고추와 채 썬 양파, 어슷썰기한 대파를 넣어 한소끔 더 끓여요.

잘만든 김치요리 비법
고기를 밑간할 때 고춧가루의 양은 식성에 따라 조절하세요.

돼지갈비 김치찜

재료 돼지갈비 700g, 익은 김치 1/2포기, 멸치다시마 육수 8컵, 대파 1/3대, 양파 1개, 청·홍고추 각 1개
갈비 잡내 제거하기 대파 1/2대, 월계수 잎 7-8장, 청주 2큰술, 마늘 6쪽, 생강 2톨, 통후추 2작은술
고기 밑간하기 고춧가루 3-4큰술, 멸치다시마 육수 1/2컵, 설탕 1큰술, 매실액 2큰술, 다진 마늘 1큰술, 참기름 1큰술, 후추 1작은술

새로운 반찬

1. 돼지갈비는 1시간 정도 찬물에 담가 핏물을 뺀 후 물에 깨끗이 헹궈 놓아요. 핏물을 뺄 때 2-3회 정도 물을 갈아요.
2. 냄비에 물을 넉넉히 붓고 월계수 잎, 마늘, 생강, 통후추, 대파를 넣고 팔팔 끓여요. 끓는 물에 등갈비를 넣고 5-6분 정도 다시 끓여 잡냄새를 제거한 후 돼지갈비를 건져요.
3. 고춧가루, 멸치다시마 육수, 설탕, 매실액, 다진 마늘, 참기름, 후추를 볼에 넣고 잘 섞은 후 물기를 뺀 돼지갈비를 넣어 30분간 밑간을 해요.
4. 잘 익은 배추김치의 소를 털어 내고 먹기 알맞은 크기로 나눠요.
5. 적당한 크기의 냄비 바닥에 김치를 깔고, 그 위에 재운 갈비를 올린 후 멸치다시마 육수를 부어 끓여요. 팔팔 끓으면 중불 이하로 줄이고 국물을 끼얹어 가며 30-40분 정도 더 끓여요. 국물이 너무 졸면 짤 수 있으므로 상태를 봐 가며 물을 보충해요.
6. 돼지갈비와 김치가 푹 무르면 양파와 대파를 썰어 넣고 한소끔 끓여요.

잘만든 김치요리 비법
돼지갈비는 쪽갈비보다 크기가 너 크므로 더 오랫동안 끓여 고기 속까지 잘 익혀야 합니다.

돼지고기 김치찌개

재료 돼지고기 삼겹살 160g, 배추김치 $\frac{1}{3}$포기, 멸치다시마 육수 $2\frac{1}{2}$컵, 김칫국물 $\frac{1}{2}$컵, 식용유 $\frac{1}{2}$큰술, 청양고추 2개, 고춧가루 1작은술, 홍고추 1개, 다진 마늘 $\frac{1}{2}$큰술, 두부 $\frac{1}{3}$모, 대파 $\frac{1}{4}$대, 양파 $\frac{1}{4}$개, 가는 소금 적당량
고기 밑간하기 소금 1작은술, 소주 1큰술, 후춧가루 약간

1. 삼겹살은 한입 크기로 썰어 소금, 후춧가루, 소주를 넣어 버무린 후 잠시 재워요.
2. 김치는 속을 털어내고 2-3cm 길이로 썰어요.
3. 식용유를 두른 냄비에 ①의 삼겹살을 넣고 볶아요.
4. 돼지고기의 겉면이 익으면 배추김치를 넣어 함께 볶아요.
5. 김치가 부드러워지고 기름이 돌도록 볶아지면 멸치다시마 육수를 넣고 뚜껑을 덮어 익혀요.
6. 김치와 고기 맛이 국물에 우러나면 김칫국물을 넣어 끓여요.
7. 한소끔 끓어오르면 다진 마늘과 고춧가루를 넣고 두부와 송송 썬 대파를 넣으면 완성. 싱거우면 가는 소금 약간 넣고 간을 맞춰요.

잘만든 김치요리 비법
김칫국물을 넣을 때 소주와 사이다를 함께 넣으면 시원한 맛이 도는 김치찌개를 끓일 수 있어요. 집집마다 김치의 간이 다르니 간은 개인의 기호에 맞춰 넣어야 해요.

54
베이컨 김치찌개

재료 익은 김치 1/2포기, 베이컨 6장(100g), 양파 1/2개, 대파 조금, 청·홍고추 조금
양념 멸치다시마 육수 또는 물 3컵, 식용유 2큰술, 청주(맛술) 1큰술, 설탕 1작은술, 소금·후춧가루 약간

새로운 반찬

1. 신김치와 베이컨은 적당한 크기로 썰고, 양파는 채 썰어요.
2. 달군 팬에 기름을 두른 후 썰어 놓은 신김치와 양파를 넣고 양파가 투명해지도록 볶아요.
3. ②에 ①의 베이컨을 넣어 살짝 볶은 다음, 멸치다시마 육수와 청주, 설탕을 넣고 센불에 끓여요.
4. 팔팔 끓으면 불을 약하게 하여 끓이다가 소금, 후춧가루를 넣어 간을 한 후, 대파와 청고추, 홍고추를 넣어요.

잘만든 김치요리 비법
베이컨 특유의 향과 고소한 맛이 김치찌개의 깊은 맛은 살리면서 부대찌개의 고소한 맛까지 낼 수 있어요.

꽁치 김치찌개

재료 꽁치 3마리, 배추김치 $\frac{1}{2}$포기, 다시마 육수 3컵, 양파 $\frac{1}{2}$개, 대파 $\frac{1}{4}$대, 청·홍 고추 각 $\frac{1}{2}$개, 식초 $\frac{1}{2}$큰술
양념장 만들기 멸치다시마 육수 $\frac{1}{2}$컵, 간장 1큰술, 참기름 1작은술, 생강즙 1작은술, 고춧가루 1작은술, 다진 마늘 $\frac{1}{2}$작은술, 다진 파 1큰술, 소금 $\frac{1}{2}$작은술

새로운 반찬

1. 양파는 0.5cm 폭으로 채 썰고, 꽁치는 머리와 꼬리를 자른 후 두세 토막을 내 깨끗이 씻어요.
2. 대파와 청·홍고추를 어슷 썰어요.
3. 배추김치 속을 털어 낸 다음 먹기 좋은 크기로 잘라요.
4. 간장, 다진 파, 고춧가루, 참기름, 생강즙, 마늘, 소금, 멸치다시마 육수로 조림 양념을 준비해요.
5. 냄비에 배추김치, 꽁치 순으로 올린 다음 조림 양념을 섞어 고루 끼얹고, 멸치다시마 육수 3컵을 냄비 가장자리에 부어 센불에서 끓여요.
6. 한번 끓어오르면 불을 약하게 줄인 다음 20분 정도 은근히 졸여요.
7. 어슷 썬 대파와 청·홍고추, 양파를 올리고 국물에 식초 $\frac{1}{2}$큰술을 넣은 뒤, 국물을 끼얹으며 한소끔 더 끓인 후 상차림해요.

잘만든 김치요리 비법
배추김치를 밑에 깔면 김치가 무르게 익으면서 전체적으로 맛이 배어 훨씬 맛이 좋아요.

새로운 반찬

56
고등어 김치찌개

재료 고등어 중간 크기 2마리, 김치 $\frac{1}{2}$포기, 감자 2개, 다시마 육수(물) 3컵, 양파 $\frac{1}{4}$개, 대파 $\frac{1}{3}$대, 홍고추 1개, 식초 $\frac{1}{2}$큰술, 가는 소금 약간

양념하기 멸치다시마 육수 $\frac{1}{2}$컵, 간장 1큰술, 참기름 1작은술, 생강즙 1작은술, 고춧가루 $\frac{1}{2}$큰술, 다진 마늘 $\frac{1}{2}$큰술

1. 고등어는 머리와 꼬리를 자른 후 적당한 크기로 잘라 깨끗이 씻은 후 물기를 빼요.
2. 배추김치는 속을 털어낸 다음 꼭지만 잘라요.
3. 감자는 껍질을 벗겨 큼직하게 썰고, 대파와 홍고추는 어슷 썰어요.
4. 냄비에 배추김치와 감자, 고등어 순으로 올리고, 양념장과 육수를 넣어요.
5. 센불로 끓이다가 팔팔 끓으면 불을 줄이고, 뚜껑을 덮어 뭉근하게 끓여요. 중간 중간에 남은 양념장을 고루 끼얹어 주세요.
6. 대파와 홍고추, 양파를 올리고 국물에 식초 $\frac{1}{2}$큰술을 넣은 뒤, 국물을 끼얹으며 한소끔 끓여요. 싱거울 때는 가는 소금 약간으로 간을 맞춰요.

두부김치

재료 배추김치 $\frac{1}{4}$포기, 두부 1모(300g), 돼지고기 등심 150g, 느타리버섯 50g, 초록·빨강 파프리카 각 $\frac{1}{2}$개, 양파 $\frac{1}{4}$개, 대파 $\frac{1}{4}$대, 통깨 $\frac{1}{2}$큰술, 녹말가루 2큰술, 식용유 적당량

두부 양념하기 녹말가루 2큰술, 소금 약간

양념장 참기름 1큰술, 청주(맛술) 1큰술, 매실액 1큰술, 설탕 $\frac{1}{2}$큰술, 간장 $\frac{1}{2}$큰술, 고추장 1큰술, 다진 마늘 $\frac{1}{4}$큰술, 다진 생강 $\frac{1}{4}$큰술, 후추 약간

새로운 반찬

1. 볼에 참기름, 청주(맛술), 매실액, 설탕, 간장, 고추장, 다진 마늘과 생강, 후추를 넣고 고루 섞어 양념장을 만들어요.
2. 돼지고기는 한입 크기로 썰어 ①의 양념 중 ⅔의 분량을 넣고 재워요.
3. 김치는 속을 털고, 먹기 좋은 크기로 잘라요.
4. 양파는 채 썰고, 느타리버섯은 가닥가닥 떼어 놓아요. 파프리카는 씨를 털어 낸 후 채 썰고, 대파는 어슷 썰어요.
5. 두부는 적당한 크기로 썰어 소금을 조금 뿌린 후 물기를 제거하고 녹말가루를 묻혀요. 식용유를 두르고 노릇하게 구워요.
6. 달군 팬에 식용유를 두르고 양념해 놓은 양파와 돼지고기, 김치를 넣고 볶아요.
7. ⑥에 느타리버섯과 파프리카 그리고 나머지 볶음양념을 넣어 한번 더 볶아요
8. 노릇하게 지진 두부와 돼지고기볶음을 그릇에 담고 통깨를 뿌려요.

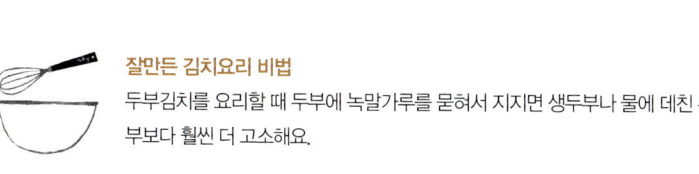

잘만든 김치요리 비법
두부김치를 요리할 때 두부에 녹말가루를 묻혀서 지지면 생두부나 물에 데친 두부보다 훨씬 더 고소해요.

새로운 반찬

58
고구마 김치전

재료 고구마 1개(180g), 다진 배추김치 $\frac{1}{2}$컵, 밀가루 1.5큰술, 찹쌀가루 2큰술, 파르마산 치즈가루 1큰술, 물 $\frac{1}{4}$컵, 가는 소금 약간, 식용유 적당량
양념장 간장 1큰술, 식초 $\frac{1}{2}$큰술

1. 고구마는 껍질째 씻어 0.3cm 두께로 동그랗게 잘라요. 채 썰어도 좋아요.
2. 고구마에 가는 소금 약간을 뿌려 놓았다가 밀가루를 다시 뿌려요.
3. 볼에 밀가루와 찹쌀가루, 물을 부어 걸쭉한 반죽을 만들어요.
4. ③의 반죽에 다진 배추김치와 파르마산 치즈가루을 넣은 뒤 고구마를 넣어 반죽을 고루 묻혀요.
5. 달군 팬에 들기름과 식용유를 두르고 ④의 고구마와 김치를 섞어 올려 노릇하게 부쳐요.

식이 섬유가 풍부한 고구마에 김치를 넣어 만든 고구마 김치전.
고구마 김치전을 양념장과 곁들이면 밥반찬은 물론 간식으로도 훌륭해요.

도토리묵 김치무침

재료 도토리묵 1모, 익은 배추김치 3장, 구운 김 2장 부순 것
양념장 쪽파 송송 썬 것 2큰술, 간장 1큰술, 들기름 1큰술, 매실액 1큰술, 고춧가루 $\frac{1}{2}$큰술, 다진 마늘 $\frac{1}{2}$큰술, 통깨 $\frac{1}{3}$큰술

새로운 반찬

1. 도토리묵은 뜨거운 물에 살짝 데친 뒤 먹기 좋은 크기로 썰어 찬물에 헹군 뒤 물기가 빠지도록 체에 밭쳐요.
2. 익은 김치는 소를 털어 내고 살짝 국물을 짠 다음 송송 썰어요.
3. 다진 쪽파, 간장, 매실액, 들기름, 고춧가루, 다진 마늘을 넣어 양념장을 만들어요. 쪽파 대신 다진 대파도 좋아요.
4. 오목한 볼에 도토리묵과 김치를 담고 양념장을 고루 뿌려 살살 버무린 후 그릇에 담아요. 구운 김과 통깨를 뿌려요.

 도토리는 예부터 구황식이나 별식으로 이용되어 왔는데 오늘날에도 간식이나 반찬거리로 즐겨 먹는 음식입니다. 도토리묵은 장과 위를 튼튼하게 하고, 성인병 예방과 피로 회복 및 숙취 회복에 탁월한 효과를 보이는 등 여러 효능을 가지고 있어요. 특히 요즈음에는 다이어트 식품으로도 많이 이용되고 있습니다. 도토리묵은 수분 함량이 많아 포만감을 주는 반면 칼로리는 낮고, 도토리의 타닌 성분이 지방 흡수를 억제해 주기 때문이에요.

김치 마파두부

재료 두부 1모(300g), 다진 김치 1/3컵, 소금 1작은술, 물 2컵, 다진 돼지고기 1/2컵(50g), 물녹말 2큰술, 고추기름 1큰술, 식용유 1큰술, 홍고추 1개, 대파 1/2대(10g), 마늘 2쪽, 생강 1/2톨
소스 물 1컵, 두반장 또는 고추장 1/2큰술, 청주 1/2큰술, 굴소스 1/2큰술, 치킨 파우더 1작은술, 설탕 1/2작은술, 참기름 1/2큰술, 후춧가루 약간

새로운 반찬

1. 냄비에 물을 부어 끓인 다음, 깍두기 모양으로 썰어 놓은 두부와 소금을 넣어 데친 후 체에 건져 물기를 빼요.
2. 홍고추와 대파, 마늘, 생강은 잘게 썰거나 다져요.
3. 식용유와 고추기름을 둘러 달군 팬에 준비된 홍고추와 대파, 마늘, 생강을 넣고 볶은 다음, 다진 김치와 두반장, 굴소스, 다진 돼지고기를 넣어 살짝 볶아요.
4. ③에 물을 넣고 청주와 간장, 굴소스, 치킨파우더, 후추, 설탕을 넣어 끓여요.
5. ④가 바글바글 끓으면 데친 두부를 넣고 1-2분 정도 더 끓여요.
6. ⑤에 물녹말을 조금씩 넣어 가며 고루 섞어요.
7. 매운맛을 내고 요리를 윤기 나게 하기 위해 참기름을 넣고 잘 섞어요.

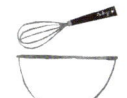

고추기름 내는 법
재료 식용유 1컵, 매운 고춧가루 2큰술, 대파 $\frac{1}{4}$대, 마늘 5쪽, 생강 1톨
1. 마늘과 생강은 곱게 다지고, 대파는 어슷썰기해요.
2. 오목한 팬에 식용유, 다진 마늘과 생강, 대파를 넣어 중불로 끓여요.
3. 기름이 끓기 시작하면 2-3분 정도 그대로 두어 재료 맛이 충분히 우러나게 해요.
4. 불을 끄고 한 김 식힌 후, 매운 고춧가루를 넣고 고루 섞어요. 기름이 끓을 때 고춧가루를 넣으면 고춧가루가 타 버려 못 먹게 되니 주의해야 해요.
5. 30분 후, 고춧가루와 다른 재료들의 맛과 색이 충분히 우러나왔을 때 체에 걸러 맑은 기름을 받아요. 걸러낸 고추기름은 밀폐 용기에 담고 빛이 들지 않는 서늘한 곳에 보관해요.

배추나물

재료 데친 배추잎 ½포기(300g), 참기름 ½큰술, 다진 파 ½큰술, 다진 마늘 ½큰술, 홍고추 약간, 국간장 1큰술, 굵은 소금 ½큰술, 가는 소금 약간, 통깨 약간

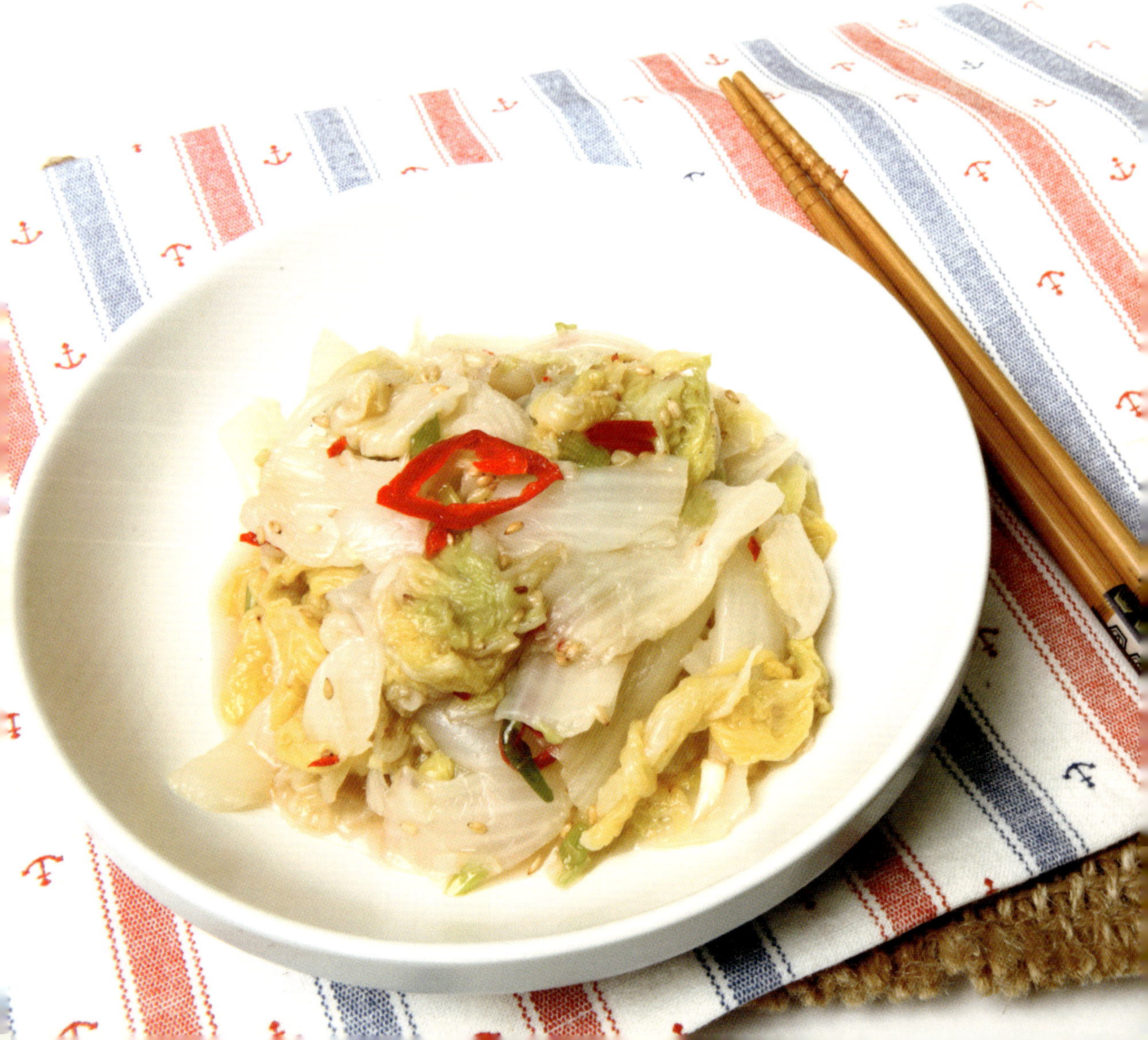

새로운 반찬

1. 배추의 줄기를 갈라 깨끗이 씻은 후, 끓는 물에 소금을 넣고 데친 후 찬물에 헹구고, 체에 밭쳐 물기를 빼요.
2. 배추의 물기를 짜고, 먹기 좋은 크기로 잘라요.
3. 홍고추의 씨를 빼고 채 썰거나 다져요. 대파도 다져요.
4. 볼에 참기름, 다진 파, 다진 마늘, 홍고추, 국간장, 통깨 약간 넣고 고루 섞은 뒤, 준비해 둔 배추를 넣고 조물조물 무쳐요.

무나물

재료 무 1/4개(300g), 쪽파 3대, 다진 마늘 1큰술, 물 6큰술, 식용유 1큰술, 참기름 1/2큰술, 소금 약간, 통깨 1/2큰술

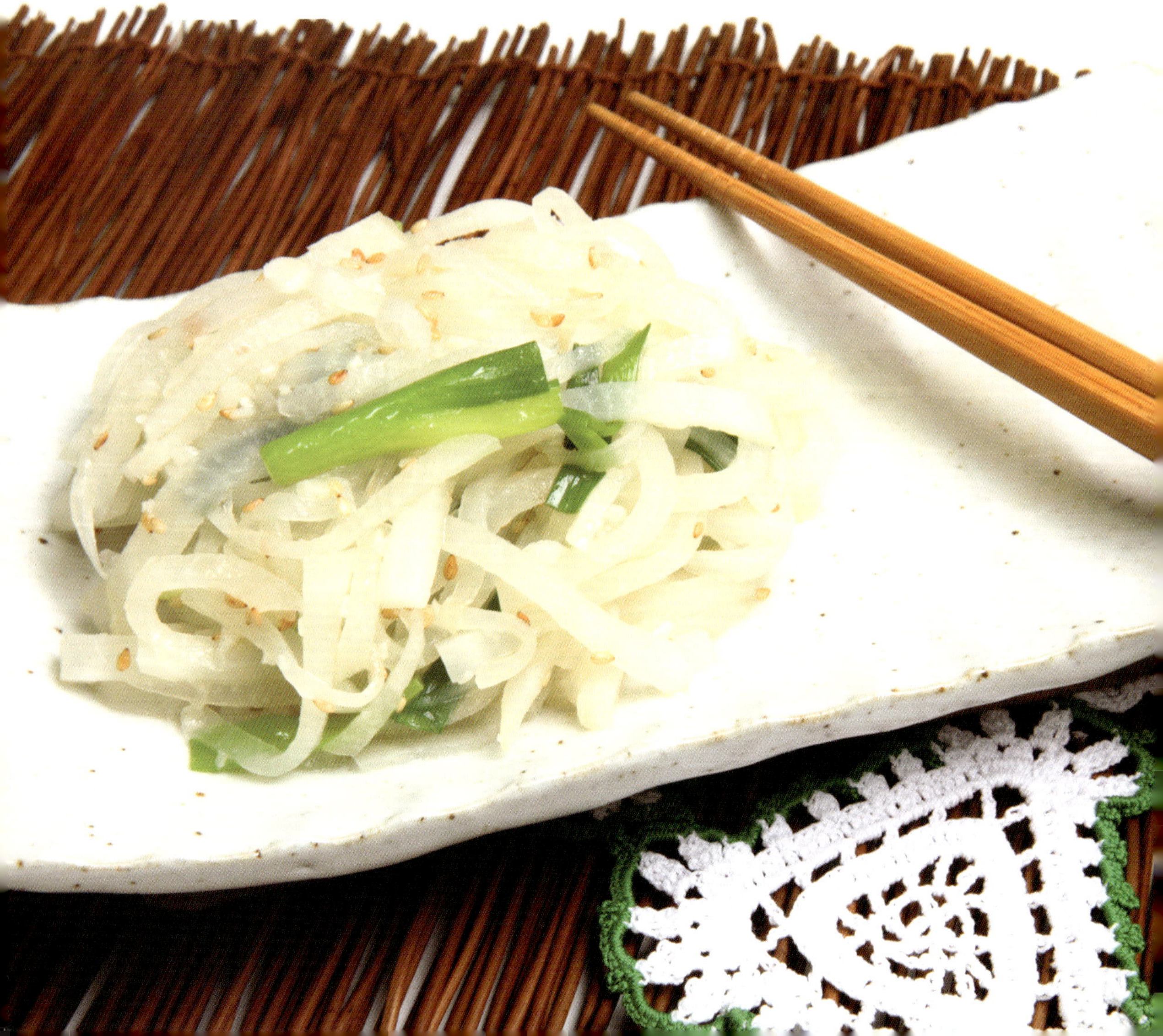

새로운 반찬

1. 무는 채 썰고, 쪽파는 4cm 길이로 썰어요.
2. 달군 팬에 식용유를 두른 후 다진 마늘을 넣고 살짝 볶아요. 채 썬 무와 물, 소금을 넣고 고루 섞은 다음 뚜껑을 덮고 중약불로 5-6분 정도 익혀요. 간이 필요하면 소금 약간 넣어요.
3. ②에 쪽파를 넣고 잠시 더 볶은 후 참기름과 통깨 뿌리고 고루 섞어요.

잘만든 김치요리 비법

무나물을 만들 때, 뚜껑을 덮지 않으면 수분이 달아나면서 탈 수 있으니 물을 적당량 넣고 반드시 뚜껑을 덮고 조리해 주세요. 새우젓을 넣고 볶거나, 생새우나 굴 등의 조개류를 넣으면 시원한 맛이 우러나와요.

무에는 전분을 분해하는 아밀라아제(amylase)라는 효소 등 몸에 좋은 효소가 풍부해요. 그래서 제철 무는 인삼보다 더 보약이란 말이 있지요. 제철 무로 건강을 지키세요. 무의 껍질 부분에 비타민C가 많으므로 껍질째 요리하는 것이 좋아요.

새콤달콤 무생채

재료 무 1/2개(500g), 굵은 소금 1큰술
양념 고춧가루 2½큰술, 쪽파 4대, 까나리액젓(멸치액젓) 1큰술, 매실액 1큰술, 식초 1큰술, 다진 마늘 1큰술, 설탕 ½큰술, 통깨 적당량

새로운 반찬

1. 0.2-0.3cm 두께로 무를 채 썰고, 쪽파도 3cm 길이로 썰어요.
2. 채 썬 무를 굵은 소금을 넣고 고루 버무린 후, 30분 정도 절여요.
3. 무채가 절여지면 살짝 눌러 물기를 빼요.
4. ③의 무채에 고춧가루를 넣고 고루 버무린 후 잠시 두어 고춧물을 들여요.
5. 고춧물을 들인 무채에 쪽파를 넣어요. 설탕, 다진 마늘, 까나리액젓, 식초, 매실액을 넣고 고루 무친 후 접시에 담아 통깨 뿌려요. 단맛과 신맛은 취향에 맞게 조절하세요.

잘만든 김치요리 비법
고춧가루를 체에 한번 받쳐 무생채에 넣으면 훨씬 색이 곱고 깔끔합니다.

새로운 반찬

64
부추김치 잡채

재료 부추 ⅓단(200g), 씻은 후 다진 김치 ⅔컵(100g), 돼지고기 80g, 달걀흰자 ⅓개, 녹말 1작은술, 식용유 2-3큰술, 청주 1큰술, 굴소스 ½큰술, 치킨파우더 1작은술, 고추기름 1작은술, 가는 소금 약간

1. 부추는 깨끗이 씻은 후 물기를 빼고, 흰 줄기 부분과 잎 부분을 구분해서 4cm 길이로 썰어요.
2. 돼지고기는 0.3cm 두께, 5cm 길이로 썬 다음 녹말과 달걀흰자를 분량대로 넣고 잘 버무려요.
3. 팬에 식용유를 두르고 충분히 달군 후 버무려 놓은 고기를 넣어 반쯤 익혀요. 김치를 넣어 함께 볶아요.
4. ③에 부추의 흰 부분과 청주, 치킨파우더, 굴 소스를 넣어 볶아요.
5. 부추의 잎 부분을 마저 넣어 잠시 볶다가 고추기름 넣고 한번 더 살짝 볶아요.

원래 중국식 부추잡채는 호부추를 이용해요. 김치 담고 남은 부추로 중국식 부추 잡채처럼 요리했어요. 꽃빵을 잡채와 함께 데워 내면 맛이 더욱 좋아요.

열무김치 비빔국수

재료 국수 2인분(120g), 열무김치 1컵, 당근 1/4개, 오이 1/3개, 상추 4장, 삶은 달걀 1개
양념장 고추장 2-3큰술, 식초 1-2큰술, 매실액 1큰술, 요리당 또는 물엿 2큰술, 참기름 1큰술, 통깨 1큰술

새로운 반찬

1. 국수는 팔팔 끓는 물에 삶아 찬물에 바락바락 헹군 후, 체에 받쳐 물기를 빼요.
2. 분량의 재료를 섞어 양념장을 준비해요. 고추장은 열무김치의 매운 정도에 따라, 식초의 양은 열무 김치의 신 정도에 따라 가감하세요.
3. 오이와 당근은 채를 썰어 준비하고, 상추는 손으로 적당한 크기로 뜯어요.
4. 그릇에 국수를 담고 양념을 털어 적당히 자른 열무김치와 준비한 채소, 삶은 달걀과 양념장을 올려요.

 뜨거운 여름, 열무김치와 국수를 주 재료로 한 상큼한 열무김치 비빔국수는 더위에 지친 우리의 입맛을 살려 주고, 더위도 날려 버려요.

열무김치 국수말이

재료(2인분) 열무김치 ½컵(50g), 소면 150g, 열무 김치국물 1½컵(350ml), 멸치다시마 육수 1½컵(350ml), 오이 ½개, 삶은 달걀 1개, 고춧가루 조금, 식초 1큰술, 참기름 1큰술, 설탕 ½큰술, 깨소금 ½큰술, 소금 약간, 연겨자 약간, 통깨 약간

새로운 반찬

1. 냄비에 물, 다시마, 건멸치를 넣어 끓인 후 식혀 냉장고에 넣어요.
2. 열무 김칫국물에 준비해 둔 멸치다시마 육수를 섞고 가는 소금, 설탕, 식초, 연겨자로 양념을 한 후 냉장 보관해요.
3. 오이는 겉을 돌려 깎고 채를 썰어요. 열무물김치의 열무김치는 건져 반으로 잘라 고춧가루, 참기름, 깨소금을 넣고 고루 버무려요.
4. 소면은 끓는 물에 삶아 찬물에 재빨리 헹구어 물기를 제거해요.
5. 면기에 소면을 담고, 양념한 열무김치와 채 썬 오이, 삶은 달걀, 깨소금을 얹고 양념한 열무 김칫국물을 그릇 가장자리에 가만히 부어요.

잘만든 김치요리 비법
만약 시원한 열무 김칫국물이 없다면, 멸치다시마 육수의 양을 늘리거나, 생수를 넣은 후 간을 맞추면 돼요.

열무김치 연두부 냉채

재료 열무김치 ½컵(200g), 연두부 1팩(250g), 닭가슴살 통조림 100g, 청·홍고추 각 ½개
열무김치 양념 설탕 ½큰술, 깨소금 1작은술, 참기름 1작은술
닭가슴살 양념 간장 약간, 다진 파 약간, 다진 마늘 약간, 참기름 약간, 깨소금 약간, 후춧가루 약간
냉채 소스 간장 2작은술, 식초 1⅓큰술, 설탕 1⅓큰술씩, 소금 약간

1. 알맞게 익은 열무김치는 1cm 길이로 송송 썰어 물기를 짜고, 설탕, 깨소금, 참기름으로 무쳐요.
2. 닭가슴살은 결대로 찢은 후 불고기양념을 한 후 바싹 볶아 식혀요.
3. 연두부는 팩을 뒤집어엎어 그대로 쏟아 깨끗한 거즈로 물기를 제거한 다음 냉장고에 넣어 차게 준비해요. 청·홍고추는 씨를 빼고 채 썰어요.
4. 간장, 식초, 설탕, 소금을 섞어 냉채 소스를 만들어요.
5. 연두부를 접시에 담고 김치, 닭가슴살, 얇게 썬 풋고추와 붉은 고추를 올리고, 냉채 소스를 기호에 맞게 끼얹어요.

깻잎김치 쌈밥

재료 밥 1공기, 깻잎김치 6-8장, 들기름 1작은술과 ½큰술, 깨소금 1큰술

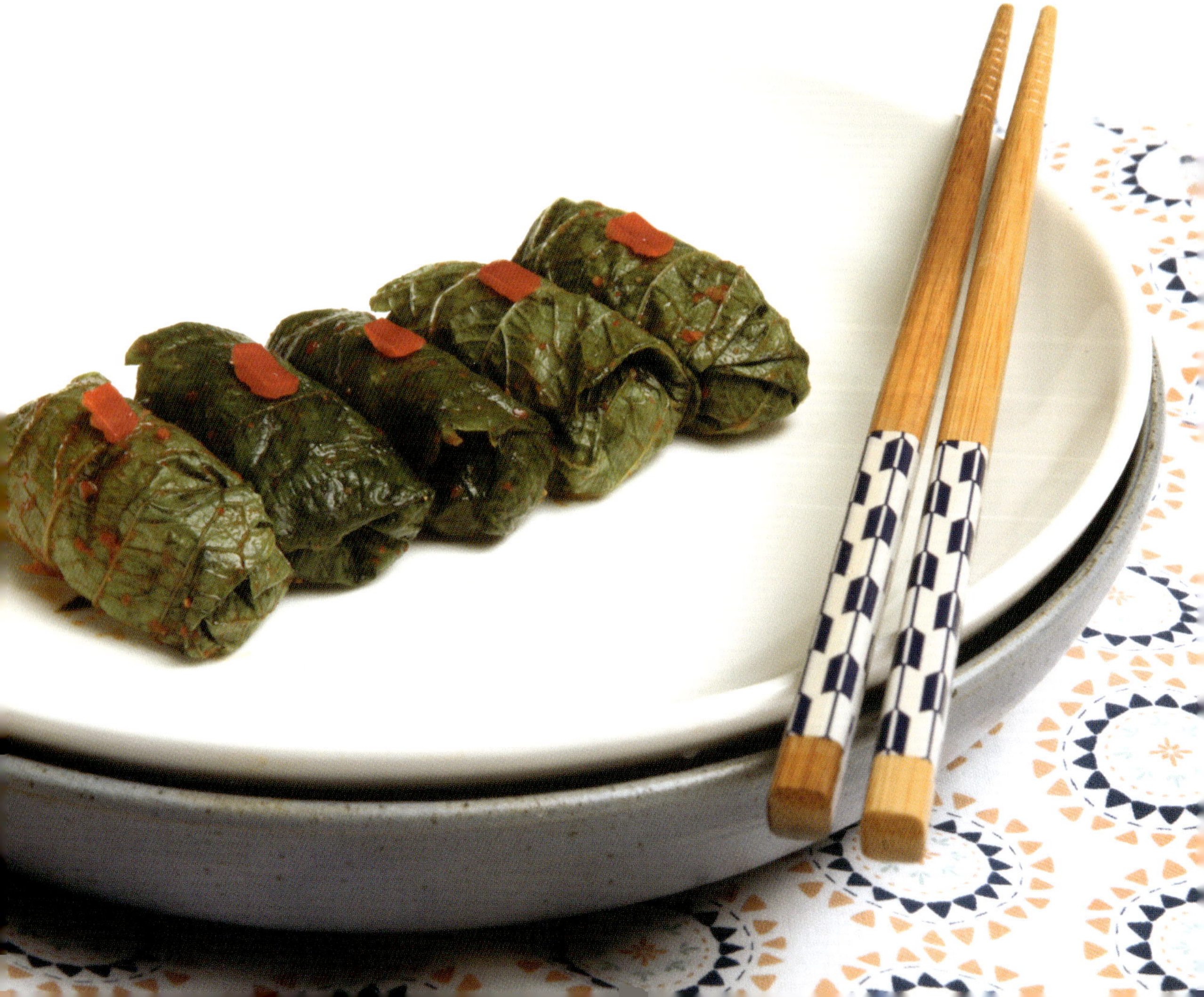

새로운 반찬

1. 깻잎김치의 반은 양념을 훑어 내고 들기름을 1작은술 넣어 무쳐요.
2. 밥은 뜨거울 때 들기름 ½큰술, 깨소금을 넣어 섞은 후 초밥 크기로 뭉쳐요.
3. 깻잎김치를 펼치고, 그 위에 뭉친 밥을 놓고 밥이 빠지지 않도록 돌돌 말아요.

잘만든 김치요리 비법
밥에 기름을 뺀 참치를 넣으면 아이들이 좋아해요. 기호에 맞게 붉은 고추나 당근, 파프리카를 작게 잘라 깻잎김치 쌈밥 위에 얹으면 훨씬 먹음직스러워 보여요.

새로운 반찬

69
파김치 김밥

재료 김 4장, 밥 4공기, 익은 파김치 적당량, 김밥햄 4줄, 달걀 2개, 맛살 2줄, 단무지 4줄, 오이 $\frac{1}{2}$개, 통깨 또는 깨소금 1큰술, 참기름 1큰술, 소금 약간

1. 오이는 깨끗이 깎아 단무지 크기로 썰고, 단무지와 파김치는 물기를 꼭 짜요. 맛살은 1줄을 반으로 나누고 김밥 햄도 준비해요.
2. 햄과 맛살은 팬에 구운 뒤 기름을 빼요.
3. 따뜻한 밥에 소금, 통깨, 참기름을 넣어서 고루 섞어요.
4. 김발 위에 김을 올리고, 그 위에 적당량의 밥을 고루 펴요.
5. 달걀지단을 올리고, 준비된 단무지와 맛살, 햄, 오이를 올려요. 파김치의 굵기에 따라 2-4줄 교차하여 올려요.
6. 손끝에 힘을 줘서 김발을 돌돌 말아준 후, 한입 크기로 썰면 됩니다.

달걀지단 준비하기_ 볼에 가는 소금과 달걀을 넣고 고루 풀어 달걀지단을 부친 후 식혀요. 김의 절반 크기로 잘라 4장을 준비해요.

총각무 된장지짐

재료 총각무 5줄, 설탕 1/2큰술, 멸치 육수 4컵, 된장 1큰술, 양파 1/4개, 다진 마늘 1큰술, 대파 1/4대, 식용유 1큰술, 통깨 약간

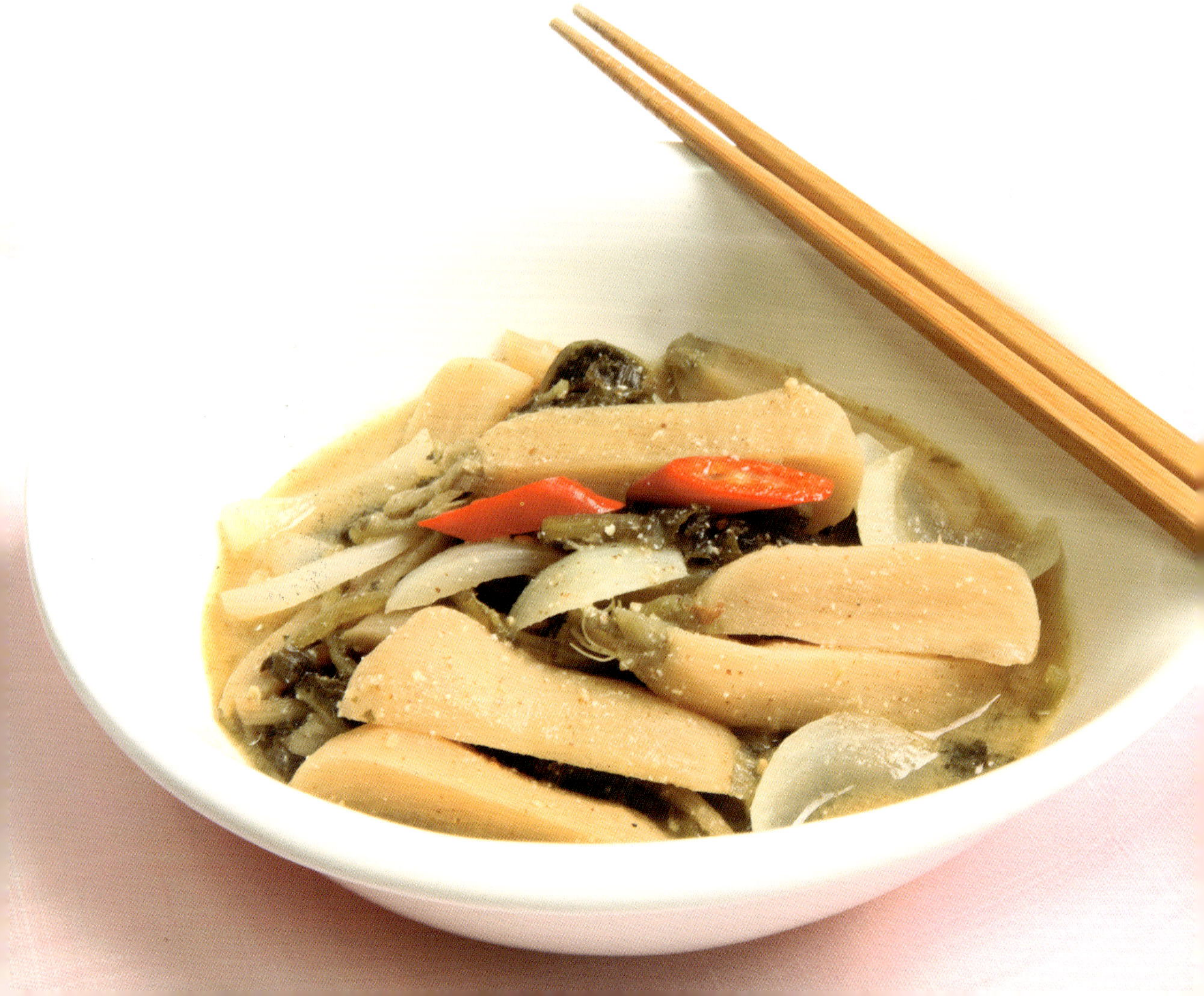

새로운 반찬

1. 신 총각김치는 물에 헹궈 양념을 씻어요.
2. 헹군 총각무에 식용유를 넣어 달달 볶은 뒤 설탕과 멸치 육수를 붓고, 된장을 풀어 강한 불에서 끓여요. 국물이 팔팔 끓으면 불을 줄여 무가 푹 익을 정도로만 끓여요.
3. 된장지짐이 끓는 동안 대파를 어슷 썰고, 양파를 채 썰어요.
4. 다진 마늘과 대파, 양파를 넣고 간을 봐요. 간이 짜면 물을 약간 더 넣고, 싱거우면 소금을 넣어 한번 더 끓여요.

잘만든 김치요리 비법
된장을 넣기 때문에 양념이 묻어 있으면 너무 짜요. 시판 된장과 집된장은 염도가 다르므로 처음부터 된장을 많이 넣지 말고 1큰술 먼저 넣어서 간을 보고 추가로 넣는 게 좋습니다.

기

갓김치 돼지고기 주물럭

재료 갓김치 2컵, 돼지고기 삼겹살 300g, 양파 $\frac{1}{2}$개, 대파 $\frac{1}{4}$대, 청·홍파프리카 각 $\frac{1}{4}$개, 노랑·주황파프리카 각 $\frac{1}{4}$개, 물 2큰술, 식용유·참기름 적당량

양념장 고추장 1큰술, 청주 1큰술, 고춧가루 $\frac{1}{2}$큰술, 다진 대파 1큰술, 다진 마늘 1큰술, 간장 $\frac{1}{2}$큰술, 참기름 1.5큰술, 생강즙 1작은술, 후추 약간

새로운 반찬

1. 볼에 분량의 재료를 넣고 양념장을 만들어요. 갓김치의 양념이 진하면 고추장과 고춧가루, 간장의 양을 적게 하고, 양념이 연하면 약간씩 더 넣어요.
2. 적당한 크기로 썰어 놓은 삼겹살에 양념장을 넣어 30분 정도 재워요.
3. 양파와 4가지 색의 파프리카를 채 썰어요. 갓김치도 적당한 길이로 썰어요.
4. 팬에 식용유와 참기름을 두르고, 재운 삼겹살을 넣어 센 불에 볶아요.
5. 돼지고기의 겉이 익으면 중간불 이하로 줄이고 물과 갓김치를 넣어 고루 볶아요.
6. 돼지고기와 갓김치가 잘 어우러지면 양파를 넣고, 마지막에 어슷 썬 대파와 파프리카를 넣어요. 마지막에 통깨와 참기름 넣어 마무리해요.

새로운 반찬

배추 백김치 편육냉채

재료 백김치 1.5컵, 쇠고기(아롱사태) 300g, 월계수잎 2장, 통후추 1/2작은술, 마늘 5쪽, 대파 1/2대, 청홍 파프리카 1/2개씩

양념 냉채 소스 백김치 국물 2큰술, 설탕 2.5큰술, 다진 마늘 1/2큰술, 연겨자 2작은술, 식초 2큰술, 통깨 1/2큰술, 참기름 1작은술, 가는 소금 약간

1. 쇠고기는 아롱사태로 준비해 찬물에 담가 핏물을 제거한 후 냄비에 월계수잎, 통후추, 마늘, 대파를 넣고 삶은 후 식혀요.
2. 백김치는 4cm 크기로 썰고, 아롱사태도 얇게 썰어요.
3. 청·홍 피망은 씨를 털고 채 썰어요.
4. 샐러드 야채는 한입 크기로 뜯어 찬물에 담가 놓아요.
5. 분량의 재료를 섞어 냉채 소스를 만들어요.
6. 볼에 고기와 김치, 파프리카를 넣고 소스에 버무려요.

 **잘만든 김치요리 비법**
양념 냉채 소스의 배합은 기호에 따라 재료의 양을 조절해요.

돼지고기 보쌈과 보쌈채김치

돼지고기보쌈 재료(4인분) 돼지고기 600g, 양파 ½개, 대파 1뿌리, 맛술 3큰술, 된장 1큰술, 마늘 6쪽, 생강 1톨, 가루 커피 ½작은술, 통후추 ½작은술, 물 적당량
돼지고기보쌈 채김치 재료 채썬 무 3컵, 생굴 ½컵, 밤 3개, 배 ½개, 미나리 한줌, 쪽파 한줌, 고춧가루 3큰술, 청양고춧가루 1큰술, 배추속대와 쌈채소 적당량
양념 새우젓 2큰술, 까나리액젓 3큰술, 다진 마늘 2큰술, 다진 생강 1작은술, 설탕 1큰술, 통깨 1큰술, 소금 약간

새로운 반찬

1. 돼지고기 덩어리를 찬 물에 30분 정도 담가 핏물을 빼요.
2. 냄비에 물을 넉넉히 넣고 된장을 체로 걸러 넣어요. 양파, 대파, 맛술, 마늘, 생강, 커피, 통후추도 넣어요. 핏물 뺀 돼지고기를 물에 잠기게 하고, 센 불에 삶아요. 물이 끓기 시작하면 중약불로 줄이고, 냄비의 뚜껑을 닫고 끓여요. 끓이는 중간에 돼지고기의 위치를 바꿔 주어 고기가 고루 삶아지게 합니다. 돼지고기를 젓가락으로 찔러 보아 핏물이 나오지 않을 때까지 삶아요.
3. 김치소에 넣는 것보다 조금 더 굵게 무채를 썰어 볼에 넣고 고춧가루에 버무려 고춧물을 들여요.
4. 굴은 옅은 소금물에 흔들어 씻은 후 헹궈 물기를 빼요.
5. 볼에 새우젓, 까나리액젓, 다진 마늘, 다진 생강, 설탕, 통깨, 소금을 넣어 양념을 만들어요.
6. 배는 굵게 채 썰고, 밤은 배보다 가늘게 채 썰어요. 미나리와 쪽파는 4cm 길이로 썰어 고춧물을 들인 무채에 양념과 함께 넣어 버무려요. 굴을 넣어 다시 한번 살살 버무려요. 무채 양념에 굴을 넣지 않고 생굴 그대로 접시에 곁들여도 좋아요.
7. 익힌 돼지고기를 한김 식힌 후 썰어 큰 접시에 담고, 준비해 놓은 배추속대와 쌈 채소를 같이 곁들여요.

새로운 반찬

74
고구마순 볶음

재료 고구마순 $\frac{1}{2}$단(300g), 양파 $\frac{1}{4}$개, 쪽파 3대, 거피한 홍고추 $\frac{1}{2}$개, 들깨가루 2큰술, 들기름 2큰술, 집간장 $\frac{1}{2}$작은술, 물 4큰술, 다진 마늘 1큰술, 다진 파 1큰술, 소금 약간

1. 고구마순은 겉껍질을 벗기고 끓는 소금물에 살짝 데친 후 찬물에 헹궈 물기를 빼요.
2. 양파는 채 썰고, 쪽파는 4cm 길이로 썰어요.
3. 고구마순을 알맞은 길이로 자르고, 다진 마늘 $\frac{1}{2}$큰술과 집간장을 넣고 버무려 잠시 두었다가 달군 팬에 들기름을 두르고 남은 다진 마늘을 넣어 고구마순과 채 썬 양파와 물을 넣고 뚜껑을 덮어 익혀요.
4. 집간장이나 소금 약간으로 추가 간을 한 후, 들깨가루, 다진 파를 넣어 고루 섞어가며 볶아요. 그릇에 담고, 채 썬 홍고추를 살짝 올려요. 집간장은 집집마다 염도가 다르니 맛을 봐 가며 가감해요.

잘만든 김치요리 비법
고구마순을 익힐 때는 뚜껑을 덮어야 수분도 많이 증발하지 않고 고루 잘 익습니다.

새로운 반찬

75
쪽파 김무침

재료 쪽파 15-20대, 집간장 $\frac{1}{2}$작은술, 김 2-3장, 깨소금 1작은술, 참기름 $\frac{1}{2}$큰술, 굵은 소금 약간, 가는 소금 약간

1. 쪽파는 길이로 3-4등분해 주세요.
2. 끓는 물에 소금을 약간 넣어 도톰한 흰 부분을 먼저 넣어 위치를 바꿔가며 데쳐 주고 그 다음엔 중간 부분, 초록잎 부분은 맨 나중에 넣어요. 쪽파의 숨이 죽으면 바로 불을 꺼요.
3. 데친 쪽파를 찬물에 재빨리 헹궈 낸 뒤 물기를 짜요.
4. 구운 김은 비닐봉지에 넣고 부숴요.
5. 볼에 집간장, 참기름, 가는 소금을 넣어 고루 섞은 후 데친 파와 김 가루를 넣어 무쳐요.

잘만든 김치요리 비법
집간장은 집집마다 염도가 다르니, 조금씩 넣어가며 간을 맞춰요. 나물을 무쳐 오래 두면 나물 속의 수분이 나와 싱거워져 맛이 떨어집니다. 한 끼 분량씩 만들어 먹으면 좋아요.

새로운 반찬

무 간장 장아찌

재료 무 ½개(500g), 양파 1개, 청양고추나 청고추 2개, 마늘 4쪽, 홍고추 1개
절임장 물 1컵, 설탕 ⅔컵, 식초 ⅔컵, 국간장 ½컵, 청주 ¼컵

1. 무는 나박하게 썰어요.
2. 양파도 적당한 크기로 썰고, 청양고추와 홍고추는 어슷하게 썰고, 마늘은 2-3등분해요.
3. 냄비에 절임물 재료인 물과 설탕, 국간장, 청주를 먼저 넣어 끓여요. 팔팔 끓으면 식초를 넣고 한 번 더 끓여요.
4. 내열 용기에 준비한 재료를 모두 넣고 팔팔 끓인 절임물을 뜨거울 때 부어요. 용기에 담아 실온에 반나절 정도 두었다가 냉장고에 넣어요. 다음날부터 먹을 수 있어요.

잘 만든 김치요리 비법
오래 두고 먹을 장아찌는 2-3일 뒤 국물만 따라 내고 한번 더 끓여 부어 줘야 해요.

베이컨 김치 야채말이 꼬치, 김치 떡 잡채, 배추김치 고기만두, 새우 김치만두
감자 김치전, 김치 굴전, 김치 해물전, 배추전, 파김치 감자전
김치 야채 콩나물죽, 김치 해물라면, 김치 콩나물국, 김치 해물 쌀국수

김치로 만든
간단
간식

비 오는 날엔 파전에 막걸리가 생각나고, 쌀쌀하거나 추운 날, 해장하고 싶은 날에는 속까지 따뜻해지는 국물이 먹고 싶죠. 김치를 활용한 아이들 간식과 아빠의 술안주, 해장국으로 좋은 국물 요리입니다.

간단 간식

77

베이컨 김치 야채말이 꼬치

재료 베이컨 6장, 김치 6줄기, 비엔나소시지 6개, 방울토마토 6개, 떡볶이떡 6개, 파인애플 $\frac{1}{8}$개, 노랑파프리카 $\frac{1}{2}$개, 주황파프리카 $\frac{1}{2}$개, 양송이버섯 3개, 파슬리가루 약간
소스 간장 2큰술, 물엿 1큰술, 맛술 1큰술, 양파즙 $\frac{1}{2}$큰술, 올리브유 $\frac{1}{2}$큰술, 생강즙 약간

1. 양송이버섯은 기둥을 떼 내고 반으로 잘라요.
2. 베이컨은 가로로 2등분해요. 김치는 소를 대충 털어 낸 후 베이컨과 같은 크기로 썰어요.
3. 베이컨 6장 위에 김치를 올려 돌돌 말고, 나머지 베이컨에는 파인애플을 4cm 크기로 썰어 돌돌 말아요.
4. 파프리카도 씨 부분을 잘라 낸 후 2×4cm 길이로 네모시게 썰어 모든 재료들을 꼬치에 꽂아요.
5. 달군 팬에 올리브유를 두르고 끼워 놓은 꼬치를 구워요.
6. 양쪽 면이 살짝 구워지면 준비한 소스를 바르면서 구워요.
7. 알맞게 구워진 꼬치를 그릇에 담고 새싹채소를 곁들여 내요.

김치 떡 잡채

재료 가래떡(또는 떡볶이떡) 300g, 씻은 배추김치 $\frac{3}{4}$컵, 쇠고기(잡채용) 100g, 표고버섯 3개, 오이 5cm 1토막, 당근 3cm 1토막, 양파 $\frac{1}{4}$개, 참기름 1작은술, 소금과 후춧가루 약간
가래떡 밑간하기 참기름 1큰술, 소금 약간
양념장 간장 2큰술, 설탕 $\frac{1}{2}$큰술, 다진 마늘 $\frac{1}{2}$큰술, 통깨 $\frac{1}{2}$큰술

간단 간식

1. 가래떡은 적당한 크기로 잘라 말랑말랑하게 데친 후 소금과 참기름으로 밑간을 해요.
2. 그릇에 재료를 모두 넣어 양념장을 미리 만들어요.
3. 채 썬 쇠고기에 양념장의 절반을 넣고 재워요.
4. 당근, 양파, 피망, 표고버섯을 채 썰고, 배추김치도 물에 깨끗이 헹군 후, 다른 채소와 비슷한 크기로 썰어요.
5. 달군 팬에 식용유를 두르고 다진 마늘과 양파 채를 넣어 볶아요. 마늘과 양파 향이 매콤하게 풍기면 가래떡과 당근, 재운 쇠고기, 표고버섯, 김치를 넣고 볶아요.
6. 모든 재료가 살짝 익으면 남은 양념장을 끼얹어 고루 볶아요.
7. 맛이 어우러지면 오이를 넣어 살짝 볶은 후, 소금과 후춧가루, 참기름을 뿌려요.

잘만든 김치요리 비법
가래떡을 데쳐 밑간을 해 두면 간이 떡 속까지 배어들어 훨씬 맛이 좋을 뿐 아니라 볶을 때 팬에 들러붙지 않아서 편해요. 맵지 않고 달콤해 남녀노소 모두 좋아하지요.

배추김치 고기만두

재료(2인분) 다진 돼지고기 250g, 배추김치 1컵, 만두피(지름 9cm) 20장, 두부 $\frac{1}{2}$모, 부추 한줌(50g), 통깨 1큰술, 다진 파 1큰술, 다진 마늘 1작은술, 다진 생강 약간, 참기름 1작은술, 소금·후춧가루 약간

간단 간식

1. 만두피를 해동시켜요.
2. 배추김치는 양념을 털어 송송 썰고 김치를 면포에 싼 후 꼭 짜서 김 칫국물을 준비해요.
3. 두부는 칼등으로 으깨어 면포에 싼 뒤 물기를 짜요.
4. 배추김치, 으깬 두부, 다진 돼지고기, 송송 썬 부추, 통깨, 다진 파, 다진 마늘, 참기름, 다진 생강, 소금, 후춧가루를 모두 넣고 골고루 치대어 만두소를 만들어요.
5. 해동시킨 만두피에 만두소를 적당량 넣은 뒤 만두피 가장자리에 달걀물을 묻히거나, 물을 약간 묻혀 가며 만두 모양을 만들어요. 만두 밑바닥에 밀가루를 살짝 바르고 접시나 쟁반에 놓아요.
6. 찜기의 아래쪽에 넉넉한 양의 물을 넣고 찜기의 위쪽에 천을 깔아요. 물이 팔팔 끓으면, 준비된 만두를 넣고 만두 속이 투명해 질 때까지 쪄요.

잘만든 김치요리 비법
만두피 해동하는 방법 _ 포장지를 벗기지 않은 채 해동시켜요. 해동할 때 위아래를 바꿔 주면 수분이 골고루 분포되어 만두 빚기가 훨씬 쉬워요.

새우 김치만두

재료(2인분) 냉동 생새우 1컵+20마리, 다진 김치 $\frac{1}{3}$컵, 만두피(지름 9cm) 20장, 다진 양파 2큰술, 다진 대파 $\frac{1}{2}$큰술, 다진 마늘 $\frac{1}{2}$큰술, 달걀흰자 2큰술, 녹말가루 $\frac{1}{2}$작은술, 청주 $\frac{1}{2}$큰술, 굴소스 1작은술, 참기름 $\frac{1}{2}$큰술, 맛술 1큰술, 소금과 후추 약간

간단 간식

1. 냉동 생새우를 해동시킨 후 물기를 빼고, 씹는 맛을 위해 절반은 곱게 다지고 나머지는 굵직하게 다져요. 이때 꾸밈용 새우를 조금 남겨 두어요.
2. 나머지 생새우 20마리는 해동시킨 후, 따로 소금·후추 약간과 맛술을 뿌려 10분 정도 재워요.
3. 볼에 새우살, 달걀흰자, 청주, 녹말가루, 굴소스를 넣고 끈기가 생길 때까지 젓가락으로 저어요.
4. ③에 다진 김치, 다진 양파, 다진 마늘과 다진 대파와 참기름을 넣고 골고루 섞어 소를 만들어요. 만두피에 소를 넣고 위를 오므려 작고 예쁜 꽃만두를 만들어요. 만두 위에 ②의 새우를 올려 살짝 눌러요.
5. 불에 찜기를 올린 후, 김이 오른 찜통에 새우 김치만두를 넣고 6-7분간 쪄요.

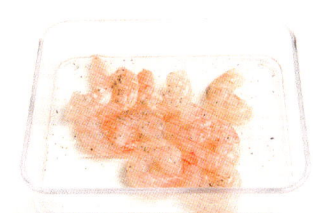

잘만든 김치요리 비법
만두소에 새우를 다져 넣어도 좋지만, 만두 위에 새우를 한 마리씩 얹어 주면 훨씬 예뻐 더 먹음직스럽게 보여요.

감자 김치전

감자의 계절 여름이 오면 집집마다 한 박스씩 사 놓지요. 이럴 때, 평범한 요리 방법에서 살짝 벗어나 보세요.

재료 감자 4개, 다진 배추김치 잎 2컵, 양파 1개, 부침가루 5큰술, 홍고추 1개, 소금 약간

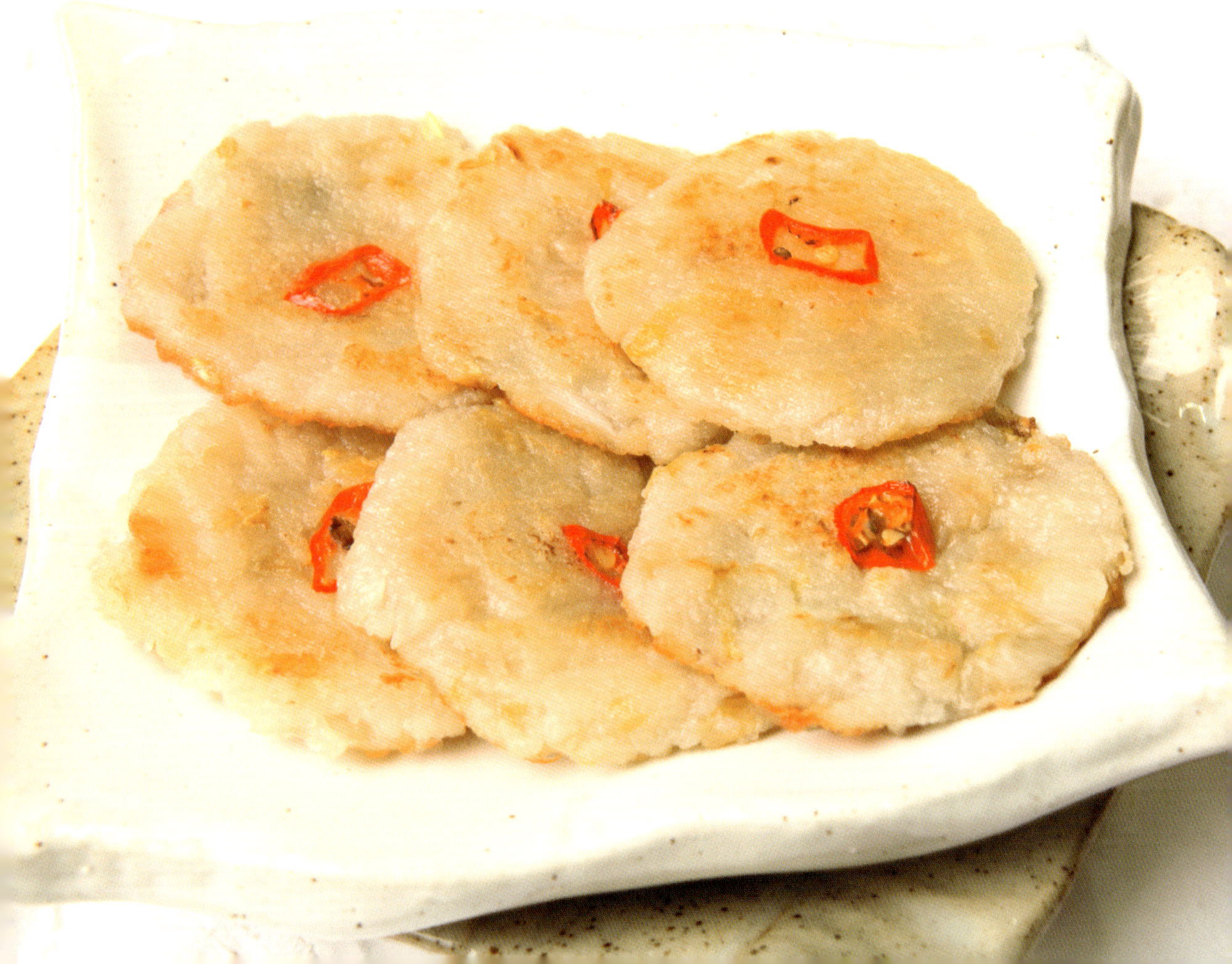

간단 간식

1. 감자와 양파를 잘게 썰어요.
2. 감자를 잘게 썰어 강판이나 분쇄기에 간 후 체에 받쳐 20분간 물기 빼요. 체 밑으로 걸러진 앙금(감자 전분)은 남기고 물만 따라 버려요. 체 위의 감자도 남겨요.
3. 홍고추는 얇게 썰고, 김치는 물에 씻어 꼭 짠 뒤 잘게 다져요.
4. 잘게 썬 양파를 분쇄기에 넣어 갈아요.
5. 볼에 물기 뺀 감자와 감자 앙금, 김치와 양파를 모두 담고, 부침가루와 소금을 넣어 반죽을 해요. 양파의 수분 정도에 따라 부침가루의 양을 조절해 주세요.
6. 팬을 달군 후 기름을 넉넉히 두르고 중약불에 한입 크기로 부쳐요.
7. 감자 김치전 위에 홍고추를 올려요.
8. 아랫면이 노릇해지면 뒤집어 마저 익혀요.

김치 굴전

재료 잘 익은 배추김치 1⅓컵, 굴 100g, 양파 ½개, 부추 ¼줌, 청·홍고추 각각 1개,
식용유 적당량, 참기름 ½큰술, 후춧가루 약간
반죽 달걀 1개, 튀김가루 1컵, 부침가루 1컵, 물 2컵

간단 간식

1. 옅은 소금물에 굴을 살살 흔들어 씻은 뒤, 찬물에 헹궈 내고 체에 받쳐 물기를 빼요.
2. 부추와 청·홍고추를 송송 썰고, 양파도 잘게 썰어요.
3. 김치는 소를 털어 내고, 김칫국물을 짜낸 뒤 송송 썰어 참기름을 넣고 밑간을 해요.
4. 부침가루와 튀김가루를 덩어리지지 않게 잘 섞은 뒤, 달걀을 넣고 고루 섞어요.
5. 볼에 ①-④의 준비된 재료를 모두 담고 후춧가루를 뿌려 섞어요.
6. 달군 팬에 식용유를 두르고 ⑤의 반죽을 국자로 떠 올린 뒤 노릇노릇하게 구워요.

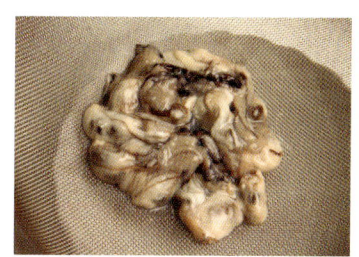

잘만든 김치요리 비법
청·홍고추는 반죽에 같이 넣어도 좋지만 전 위에 꾸밈으로 활용하면 훨씬 먹음직스럽고, 예쁜 전이 완성돼요.

김치 해물전

재료 잘 익은 배추김치 1/3포기, 오징어 1마리, 냉동 새우 1컵, 양파 1개, 쪽파 5대, 청·홍고추 1개씩, 밀가루 2큰술, 식용유 약간, 청주 조금, 후추 약간

반죽하기 부침가루 2컵, 튀김가루 1컵, 물 2½컵

김치 밑간하기 참기름 ½큰술, 매실액 1큰술

간단 간식

1. 김치는 속을 대충 털어 낸 후 송송 썰고, 참기름과 매실액을 넣어 밑간을 해요.
2. 칵테일 새우의 꼬리를 떼 내고, 청주와 후추를 약간 뿌려 10분 정도 밑간 후 살짝 물기를 제거해요.
3. 청·홍고추는 둥글게 썰고, 양파는 채 썰고, 부추도 3-4cm 길이로 썰어요.
4. 오징어는 몸통의 껍질을 벗기고 적당한 크기로 썰어요. 물기를 뺀 새우와 오징어에 밀가루를 묻혀요.
5. 부침가루, 튀김가루에 물을 넣어 반죽을 하고 ③과 ④를 넣고 골고루 섞어요.
6. 프라이팬을 중불로 하고 기름을 충분히 두른 다음, 프라이팬이 달궈지면 원하는 크기로 반죽을 떠 넣어요. 기름을 충분히 둘러야 바삭한 김치전이 돼요.
7. 바닥 부분이 노릇노릇해 지면 뒤집어요.

잘만든 김치요리 비법
김치가 많이 시어진 경우 설탕을 약간 넣으면 김치의 신맛이 완화돼요. 이걸로 밑간을 하면 김치에 맛이 배어들어 훨씬 맛있습니다. 반죽에 부침가루만 넣는 것보다 튀김가루를 함께 넣으면 바삭한 김치전이 돼요.

배추전

재료 배추속잎 7장, 부침가루 2컵, 물 2컵, 밀가루 적당량, 식용유 적당량
양념장 진간장 1.5큰술, 참기름 1작은술, 고춧가루 $\frac{1}{2}$작은술, 깨소금 $\frac{1}{2}$작은술

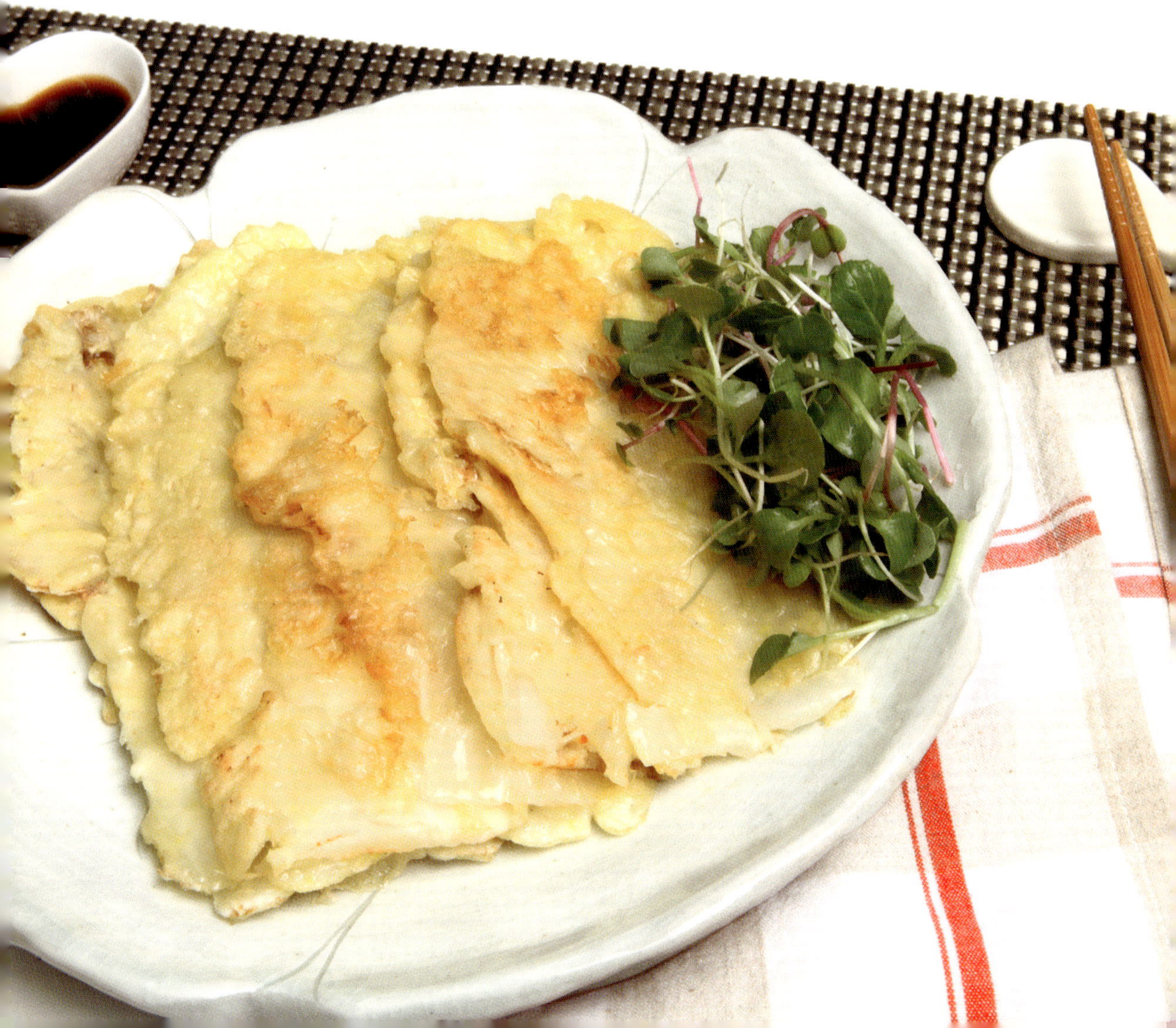

간단 간식

1. 배추는 줄기 부분을 칼자루 끝을 이용하여 자근자근 두드려서 펴요.
2. 부침가루에 물을 넣고 주르륵 흐를 정도로 반죽을 해요.
3. 배추에 밀가루를 먼저 입히고,
4. 반죽을 입혀요.
5. 팬에 기름을 두른 후, 팬이 달구어지면 노릇노릇하게 지져요. 양념장을 곁들여 냅니다.

잘만든 김치요리 비법
배추전은 주로 경상도 지방의 전통 음식입니다. 배추전은 제사 음식으로도, 간식이나 반찬으로도 많이 이용된답니다. 배추 속잎의 크기에 따라 필요한 반죽의 양이 달라집니다. 산뜻한 맛의 양념장을 좋아한다면 참기름 대신 식초를 적당량 넣으세요.

간단 간식

85

파김치 감자전

재료 감자 2개, 다진 파김치 $\frac{1}{4}$컵, 베이컨 1줄, 감자전분이나 부침가루 1큰술, 식용유 적당량

1. 감자는 가늘게, 베이컨은 잘게 썰어요.
2. 파김치는 국물을 짠 후 1cm 길이로 송송 썰어요.
3. 볼에 감자채와 다진 파김치, 다진 베이컨을 넣고, 감자 전분을 넣어 고루 섞어요.
4. 달군 팬에 기름을 두르고 ③의 재료를 적당히 올린 후 앞뒤로 노릇하게 구워요.

잘만든 김치요리 비법
감자가 제철일 때, 감자조림도 하고, 여러 가지 음식에 감자를 넣어 먹으면 아주 맛이 좋아요. 깅판에 갈아 감자전을 부치면 담백한 맛이 좋지만, 너무 번거롭다 싶을 땐 이렇게 채로 썰거나 채칼을 이용해서 감자전을 부쳐도 맛있어요. 파김치의 국물을 꼭 짜 내고, 파김치의 짠 정도에 따라 양을 가감하세요.

김치 야채 콩나물죽

재료 찹쌀 1/2컵, 다진 배추김치 2숟갈(50g), 콩나물 1/4줌(25g), 당근 1/4토막(25g), 호박 1/4토막(25g), 새송이버섯 2개(25g), 멸치다시마 육수 8컵, 달걀 1개, 참기름 1큰술, 다진 파 조금, 소금 약간

간단간식

1. 찹쌀을 깨끗이 씻어 물에 2시간 이상 불려요. 아침 해장용이라면 전날 밤 미리 쌀을 불려 놓으면 훨씬 편해요.
2. 김치, 콩나물과 당근, 호박, 새송이 버섯 등은 모두 비슷한 크기로 잘게 썰어요.
3. 냄비에 참기름을 넉넉히 두르고 불린 찹쌀을 볶아요.
4. 멸치다시마 육수를 ③의 냄비에 붓고 ②의 재료들을 넣고 끓여요. 죽이 팔팔 끓으면 불을 약간 줄여 바닥이 눋지 않게 가끔씩 저어요.
5. 모든 재료가 뭉근하게 끓어 졌으면 달걀을 깨트려 넣고 고루 저어요.
6. 소금으로 간을 한 후에 파를 얹어 그릇에 담아요.

잘만든 김치요리 비법
과음한 다음 날 속을 편하게 다스려 주는 김치 콩나물죽. 콩나물 뿌리에 들어 있는 아스파라긴산이 간의 알콜 분해 작용을 도와 속이 편한 상태를 만들어 주지요. 콩나물 한줌은 약 100g 정도합니다.

87

김치 해물라면

재료 라면 1개, 멸치다시마 육수 3컵, 배추김치 $\frac{1}{2}$컵, 북어채 반 줌(10g), 콩나물 반 줌(50g), 오징어 $\frac{1}{4}$마리, 칵테일새우 7-8마리, 라면 수프 $\frac{1}{2}$개

간단 간식

1. 북어채를 살짝 씻은 후 미리 물에 불려요.
2. 김치는 소를 털고 송송 썰어요.
3. 멸치다시마 육수를 냄비에 넣고 송송 썬 김치와 콩나물, 불린 북어를 넣고 뚜껑을 덮어 한소끔 끓여요.
4. 물이 끓으면 라면을 넣고 라면 수프를 넣어요.

잘만든 김치요리 비법
라면을 살짝 삶은 후 찬물에 헹구어 넣으면 더욱 개운해요. 라면 끓일 때 배추김치와 북어, 콩나물 외에 해물을 넣어 끓이면 시원한 국물 맛이 최고예요. 해장국으로도 참 좋아요.

김치 콩나물국

재료(2인분) 배추김치 2컵, 멸치다시마 육수 7컵, 콩나물 한줌 반(150g), 두부 $\frac{1}{2}$모, 대파 $\frac{1}{2}$대, 홍고추 $\frac{1}{2}$개, 들깨가루 2큰술, 다진 마늘 1큰술, 새우젓 1큰술, 소금 약간

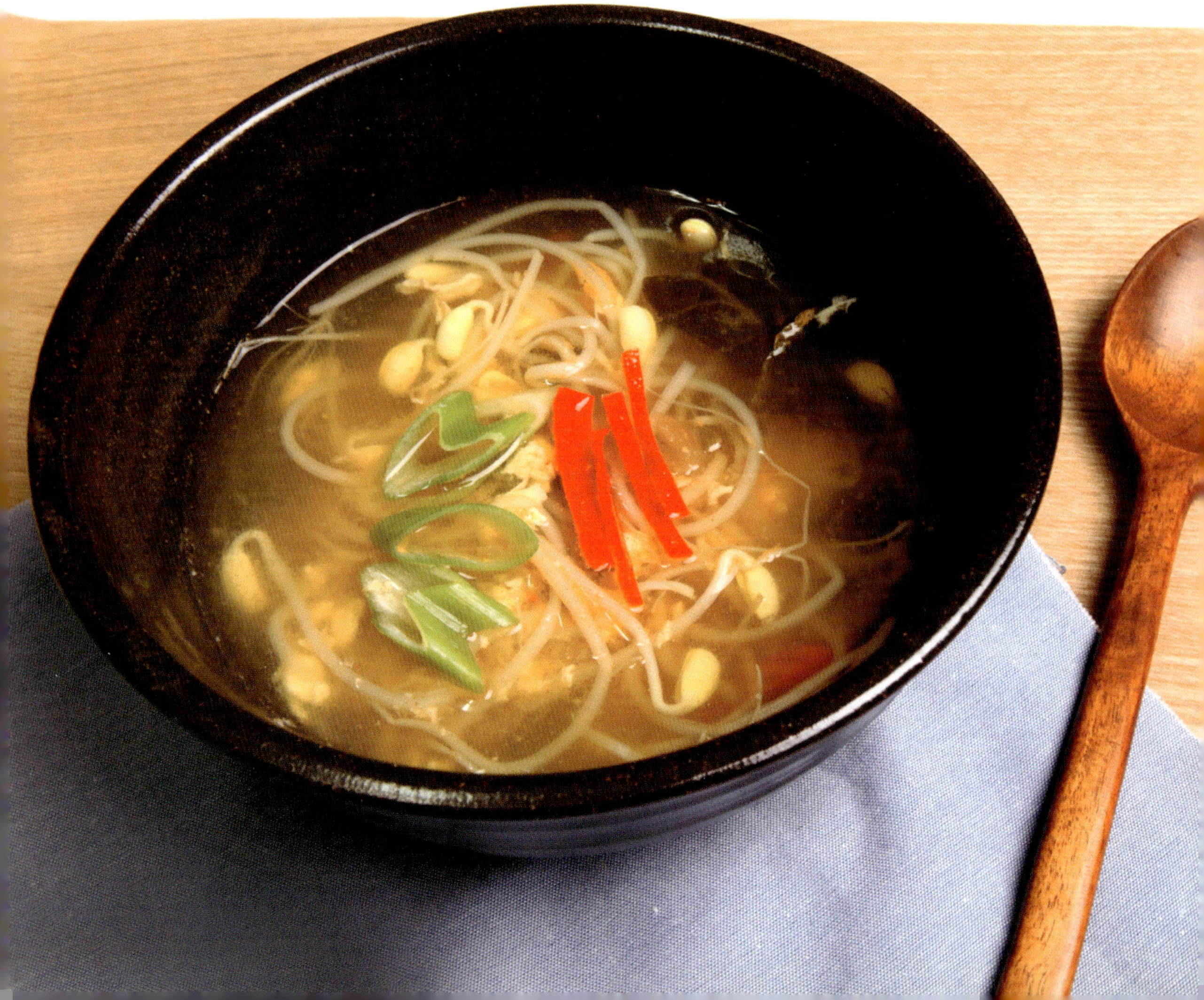

간단 간식

1. 흐르는 물에 콩나물을 깨끗이 씻은 후 물기를 빼요.
2. 대파는 어슷하게 썰고, 두부는 길이로 반 자른 후, 적당한 두께로 썰어요.
3. 배추김치는 소를 털어 낸 후 송송 썰고, 달걀도 미리 풀어요.
4. 냄비에 육수와 송송 썬 김치, 콩나물을 넣은 뒤, 뚜껑을 덮고 강한 불로 끓여요. 팔팔 끓으면 중약불로 불을 조절해요.
5. 콩나물과 김치가 익으면 새우젓, 대파, 다진 마늘, 들깨가루를 넣어 고루 섞어요. 보글보글 끓으면 소금으로 간하고, 달걀 푼 것을 가만히 넣어요. 달걀이 익으면 완성.

잘만든 김치요리 비법
콩나물을 삶을 때, 처음에 뚜껑을 덮고 조리했다면 콩나물이 익기 전까지 절대로 뚜껑을 열지 마세요. 비린내가 납니다. 하지만 처음부터 뚜껑을 덮지 않고 콩나물을 익혀도 비린내가 나지 않는다는 사실, 잊지 마세요!

김치 해물 쌀국수

재료 쌀국수 130g, 새우 2마리, 홍합 12개, 모시조개 5개, 오징어 $\frac{1}{4}$마리, 청경채 2개, 쪽파 2대, 홍고추 $\frac{1}{2}$개, 청양고추 1개, 숙주 1줌, 물 또는 다시마 육수 $3\frac{1}{2}$컵

양념장 만들기 피쉬소스 2큰술, 청·홍고추 각각 $\frac{1}{2}$개(또는 고춧가루 $\frac{1}{2}$큰술), 다진 마늘 1작은술, 소금·후춧가루 약간

간단 간식

1. 쌀국수는 미지근한 물에 담가 불려요.
2. 볼에 고춧가루, 피쉬소스, 다진 마늘, 소금, 후춧가루를 넣어 양념장을 만들어요.
3. 배추김치는 소를 털어 내고 물에 살짝 씻은 뒤 1cm 폭으로 송송 썰어요.
4. 쪽파는 4cm, 고추는 송송, 오징어는 껍질을 벗긴 뒤 안쪽에 칼집을 내고 한입 크기로 잘라요.
5. 청경채는 밑둥을 잘라 길게 반으로 가르고, 숙주는 깨끗이 씻어 물기를 빼요.
6. 냄비에 다시마 육수를 넣고 끓으면 해감한 홍합과 모시조개, 새우를 넣고 끓여요.
7. 홍합이 입을 벌리면 절반 정도는 꺼내 속살만 발라요.
8. ⑥에 오징어를 넣고 살짝 끓인 후 피쉬소스와 소금으로 간을 맞춘 후 청경채를 넣고 불을 꺼요.
9. 끓는 물에 불린 쌀국수를 삶은 후 찬물로 헹궈 물기를 뺀 후 대접에 담아요. 숙주와 준비해 놓은 ⑦의 홍합살 올리고, ⑥의 국물과 해물을 푸짐하게 올려요. 양념장을 만들어 취향껏 올려 드세요.

잘만든 김치요리 비법
국물을 너무 오래 끓이면 해물이 질겨져 맛이 없어져요. 해물이 알맞게 익을 정도만 끓여요. 피쉬소스 대신 칠리소스를 넣어도 좋아요.

김치가 좋아
쉬운 계량법

- 1컵은 흔히 쓰는 일반 종이컵을 말해요.
- 1줌은 50g 정도인데, 손으로 살짝 주먹 쥔 정도입니다.
- 설탕, 소금 약간은 두 손가락으로 살짝 꼬집은 정도이고, 후추 약간은 톡톡 뿌리는 양이에요.
- 1큰술은 어른 밥숟갈을 사용할 때 1.5숟갈 정도 돼요.
- 1작은술은 어른 밥숟갈을 사용할 때 0.5숟갈이에요.
- 식용유는 올리브유나 포도씨유를 주로 썼어요.